JN408697

한강의
기적

문학공원 시선 146

한강의 기적

김제방 시집

문학공원

서시

한강의 기적은
세계사적 사건으로
5천년 찌든 가난에서 벗어나
민족중흥의 발판이 된
한강의 기적!
세상인심은 물에 빠진 사람 건져
놓으니 보따리 내놓으란 격이다
386 · 운동권이 그토록 탐욕스럽고
집요하게 외친 '민주화!'라는
내 보따리는 '핵'과 '가난'으로
가득 채워져 우리 곁으로
다가오고 있다 지금
서서히…

차례

제1부 배반의 세월

제2부 반려동물 시대

차 례

제3부 평창동계올림픽

제4부 정녕 봄은 오는가

차 례

제5부. 멋진 아버지셨습니다

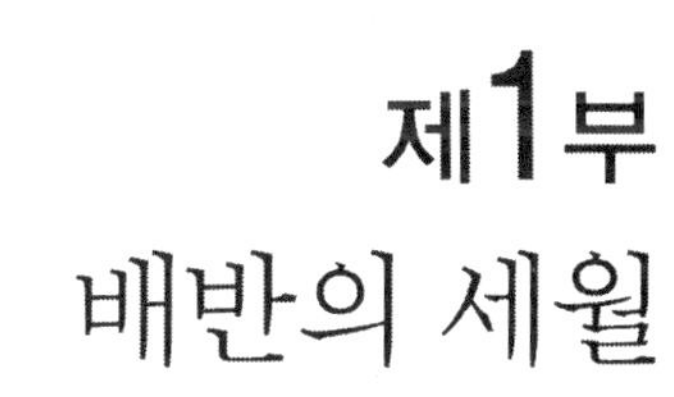

제1부
배반의 세월

인조반정

1623년 서인(西人) 일파가
광해왕과 대북파를 몰아내고 28세의
능양군을 조선 제16대왕으로 옹립한
인조반정
1618년 인목대비 유폐사건으로
대북파에 눌려 지내던 서인 일파가 궐기
서인의 이귀·김자점·김유·이괄 등은
1623년 3월 12일을 거사일로 정하고
계획을 진행시켰다
장단으로부터는 이서의 군사가
이천으로부터는 이중노의 군사가
홍세원에서 김유의 군사와 합류해 능양군의
친솔아래 창의문을 향해 진군해
광해왕은 대궐 뒷문으로 도망치다가 체포되어
서인으로 강봉 강화로 귀양을 가고
대북파의 이이첨·정인홍 등 수십 명을 참형에
처하고 200명을 귀양 보냈다
공을 세워 집권한 서인들 33명은 정사공신의
훈호와 벼슬을 받았다

이괄의 난

이괄은 인조반정 때 공이 많았으나
논공행상에는 2등의 녹공을 받아 한성부윤이
되고 아들 전도 반정에 참여하고도 논공에서
제외되자 이에 불만을 품고
1624년 1월 24일 반란을 일으켜 순천
자산을 점령하고 평양을 통과 수안 황주
평산으로 진격하자 조정에서는 영의정
이원익을 도체찰사로 반군토벌에 나섰으나
반군의 승리로 개성을 돌아 벽제에 이르렀다
인조는 공주로 피난하고
서울을 점령한 이괄은 2월 11일 선조의
열 번째 아들 흥안군을 왕으로 추대하고 논공행상하였으나
그날 밤 추격해오는 장만 휘하의 관군의 반격으로
서대문 밖 질마제에서 격파당하고 수구문을
빠져 이천으로 달아났다
이때 부대장 정충신(鄭忠信)의 추격을 받아
2월 15일 이괄의 부하 기익헌과 이수백 등은
묵방리에서 이괄 등 9명의 목을 베고 관군에
투항함으로서 난은 20일 만에 진압되었다

정묘호란

반란에 실패한 이괄의 잔당은 후금으로 도망
광해군의 폐위와 인조반정의 부당성을 호소
조선침입의 결의를 촉진시켰다
후금은 광해군을 위해 보복한다는 구실로
1627년 1월 14일 장군 패륵(왕자)과 아민에게
군사 30만을 주어 조선을 침입케 했다
주력부대는 의주를 거쳐 안주 평양을 지나
25일에는 황주에 이르렀다
소현세자는 전주로 피난가고
인조와 조정대신들은 강화도로 피신한 가운데
화전양론(和戰兩論)이 분분했다
마침 후금에서도 강화 의사를 표시하였다
후금은 조선보다 명나라를 칠 의도가 있었기
때문에 강화도에서 교섭이 시작되어
① 형제의 맹약을 맺을 것
② 화약이 성립되면 곧 군사를 철수시킬 것
③ 양국군대는 서로 압록강을 넘지 않을 것
④ 조선은 금(金)과 강화하여도 명(明)에는
배반하지 않는다는 것 등 화약이 성립되어
후금의 군대는 철수했다

광해군의 외교정책

광해군은 내정과 외교에
그의 비범한 정치적 역량을 발휘해
임진왜란으로 소실된 사고(史庫)의 정비
서적간행 그리고 호패의 실시 등으로 눈부신
치적을 올리고 밖으로는 여진의 후금이
만주에서 일어나는 새로운 국제정세에
현명한 외교정책으로 국제적인 전란을 피했다
인조를 옹립한 서인(西人)들은 국제문제에서
광해군의 양면외교 배격하고
향명배금정책(向明排金政策)으로 후금을
자극했다
후금은 형제관계를 군신(君臣)의 관계로 고치고
공물(貢物)을 늘리라고 압박하여오자
조선은 정묘호란에 화친을 이끈 최명길을
매국노로 몰았다
홍타시는 더욱 압력을 가하고 조선의 춘신사를
업신여겨 춘신사가 되는 것을 꺼려하였다
그런데 1628년 권율 장군의 셋째 사위
정충신이 춘신사를 자청하였다

소소인과 대대인

정충신의 외모는 키가 작고 왜소한 체구라
홍타시는 더욱 깔보았다
"당신은 조선사람 중에서도 아주 작은
소소인이 아니오?"
"하하하 보기 잘 보시었소 예의와 문화가
발달한 나라에 사신을 보낼 때는 대대인을
보내지만 무례하고 힘자랑이나 하는 나라에
사신을 보낼 때는 나 같은 소소인을 보내지요"
홍타시는 사람을 볼 줄 알았다
비록 체구는 왜소하지만 풍기는 기품이
예사 춘신사와는 다르다고 생각하고
정충신을 상좌에 앉히고 연회를 베풀다가
느닷없이 소리를 버럭 질렀다
"나를 도둑이라 일컫는데 내가 무엇을 훔쳤소?"
홍타시의 갑작스런 호통에 좌중은 조용했다
이때 정충신은 웃는 얼굴로
"천하를 훔치려하니 도둑 중의 상도둑이지요"
"하하하! 하하하"
돌아온 정충신은 홍타시가 만주로 만족할
사람이 아니라는 걸 간파하고 머지않아 큰
변란이 닥칠 것을 인조에게 보고하였다

인조의 절름발이 외교

후금의 제2대왕 태종 홍타시(太宗 皇太極)는
1636년 국호를 청(淸)으로 바꾸었다
이때 춘신사 나덕헌이 청나라에 갔었는데
청나라는 이들의 예물단지를 받지 아니하고
대신 청나라 천자 즉위식에 참예토록 하였다
그러나 이들은 거부하다가 매를 맞고
상처투성이가 되었다
이들이 돌아올 때 홍타시는 조선국왕에게
답하는 글을 주었는데 황제라 참칭하였다
나덕헌 등은 편지를 통원보를 지키는 병사에게
맡겨두고 돌아오자 감사 홍명구는 급히 장계를 올려
"나덕헌·이학 등을 효수하소서
이들은 처음 천자를 참칭한 홍타시의 서한을 받을 당시
이를 거절했어야 했는데 이를 받아가지고 오다가
중도에 놓아두고 오는 큰 죄를 저질렀사옵니다"
우선 그들을 잡아들였다
온 조정이 척화론자들로 들끓고 있었으니
결국 나덕헌은 백마산성에 이확은 검산산성에
도형(徒刑) 3년으로 정배되었다

병자호란

정충신이 사망하던 1636년 10월
청나라의 마부대가 의주에 도착 부윤 임경업에게
"내가 군사를 일으켜 동으로 쳐들어올 것이오
당신 나라에서 사신을 보내와 화친할 것을
원한다면 돌아갈 것이오 우리 청태종을 황제라
칭하는데 명나라도 반대하지 못하는 바인데
당신네 소국이 이를 거부함은 무슨 까닭이오?"
그해 11월 역간 박인범이 서신을 가지고 심양에
들어가자 용골대는 전에 입수한 인조임금의
조선8도에 내린 선전교지를 내보이며
침략할 것을 예고했다

"조선이 청나라를 따라 명나라를 배척하고 화친을 거절한 신하와 왕자를 들여보내면 그때 다시 화친을 정하겠소"

인조는 최명길의 뜻에 따라 급히 특사를 보냈다
청태종은 특사를 접견하고

"그대 나라가 11월 25일까지 대신과 왕자를 들여보내 다시 화친을 결정하지 아니하면 내가 군사를 일으켜 동정(東征)할 것이니라"

위협하면서 답서에

「귀국이 산성을 많이 쌓았으니 짐은 당당히 대로를 통해 한양으로 향할 터인데 산성을 가지고 짐을 막을 수 있겠소? 귀국이 믿는 건 강화도이지만 짐이 조선8도를 유린

한다면 그 작은 섬 하나로서 나라노릇을 할 수 있겠소? 귀국의 의논을 주장하는 자는 유신(儒臣)이니 붓으로 우리를 물리치겠구려」

이 빈정거리는 답서를 받아가지고 특사가 돌아오자
최명길의 건의가 받아들여져 박로를 다시 보내려
하였으나 대간들의 반대에 부딪쳐 천신만고 끝에
박로를 보내게 되었다
그러나 이때는 청나라의 약속기한을 넘긴 후였다
청태종은 조선의 도전적 태도에 불만을 품고
만주 몽고 한인(漢人)으로 구성된 원정군을 조직
1636년 12월 2일 12만 대군을 친히 거느리고
심양을 출발 9일에 압록강을 건너왔다

남한산성으로 간 인조

임경업 장군은 인근 백마산성에 총병력을 집결
청군과의 일전을 준비하였으나 청태종의 목표는
조선국 한양이지 백마산성이 아니었다
"군병을 곧바로 한양으로 향해라!"
이때 의주부민들은 오랑캐들이 자기들을 겁내어
회피한 줄로 알고 좋아했다
12월 13일 청군은 평양에 도착하였다
그때서야 형세가 위태로운 것을 알고
어전회의를 열었으나 모두가 어리둥절하여
결론을 내리지 못하였다 주전론을 외치던 친명파
대신들은 막상 난리가 터지자 서로의 눈치 보기에
정신이 없었고 일이 다급해지자 최명길이
몽진을 권했다
인조는 눈앞이 캄캄했다
이때는 이미 종묘사직의 신주(神主)와 세자빈
강씨와 원손 그리고 봉림대군은 강화도로 들어간
뒤였다 인조는

"오 과인은 어찌 이다지도 박복하단 말인가 또 도성을 버린다면 세 번째의 몽진이 아닌가?"

우리나라는 동방예의지국

남한산성 몽진 시간을 벌기 위해 적진으로
잠입한 최명길은 청군 선봉장 마부대와 함께
서울에 왔다 마부대는 인조가 남한산성으로
들어간 걸 알고 길길이 뛰었다
옆에 있던 부장은 도끼눈을 뜨고 칼을 빼었다
"장군 이자의 목을 베고 효수하여 남한산성으로
진군합시다"
그러자 다른 장수가 나서며 반대를 하였다
"장군 화친하는 일이 남았는데 함부로 이 사람을
죽이는 것은 당치 않소"
우여곡절 끝에 최명길은 남한산성으로 돌아왔다
"오 최판서 살아서 돌아왔구려"
인조는 최명길의 손을 잡아 올리며 목이 메었다
세 가지 화약 조건이란
① 정묘년에 회맹한 강화조약을 지킬 것
② 명나라와는 손을 떼고 청국만을 상국으로 섬길 것
③ 세자와 정승 한 사람을 인질로 할 것 등이었다
먼저 김상헌(金尙憲)이 나서며 말했다
"최 대감 대감의 충정어린 희생정신과 애국심에는 깊이 감동하오만
대감이 가지고 온 세 가지 조건이란 것들은 맹랑하기 짝이 없구려,
특히 세자저하를 오랑캐에게 보낼 수는 없소"

다른 대신들도 합세하여
"싸웁시다 끝까지 싸워야 합니다"
결국 가짜 인질을 보내기로 합의했다

"왕제와 정승이 왔다구?"
"예 장군"
박난영은 청나라 원정군을 따라 통역관으로 일하고 있었다
박난영과 능봉군으로부터 사실이라는 진술을 받아낸 마부대는
고개를 심즙 정승에게로 돌렸다
"좌의정이라는 심즙 대감에게 묻겠소"
마부대의 무서운 눈길이 마주치자 심즙은
헛기침을 해가며 몸을 움추렸다
"당신이 조선의 정승이란 것이 틀림없소?"
"…"
별안간 입이 얼어붙은 심즙은 머뭇거리다가
"솔직히 말하리다 우리나라는 동방예의지국이오
군자라 자처하는 내가 어찌 적진이라 한들 거짓을 고하겠소
실은 여기 능봉군도 가짜 왕제이고 나 심즙도 가짜 정승이오"
마부대의 칼이 능봉군과 박난영의 목을 쳤다
오랑캐의 북소리가 미친 듯이 울려 퍼지고
청나라 군사들이 남한산성을 질풍노도와 같이
올라가기 시작했다

참담한 남한산성

남한산성 수어사는 영의정 김유였다
동쪽 망월대는 신경진
남장대는 총융사 구굉
어여부사 원두표는 북문을
이시백은 서장대를 각각 맡아 지키면서
조선병력 16,000명이 청나라군사 120,000명
대군을 상대하고 있었다
영의정 김유가

"전하 지금 사세가 실로 위급하옵니다 청군의 군사는 12만 대군이요 우리군사는 겨우 1만6천여 명에 불과하옵고 그나마 2천명은 병약한 노병으로 아무짝에도 쓸모
없는 병력이옵니다"

"허 그래서요?"

"그러 하온즉 불가피하게 화친을 맺어 더 이상의 피해가 없도록 하여야 할 것으로 아옵니다 전하! 세자마마를 적진에 보내시고 청나라의 홍타시를 황제라 칭하게 하옵소서"

"으음…"

인조는 긴 한숨을 내쉬었다
예조판서 김상헌이 이런 논의가 있었다는 말을
전해 듣고 격분하였다

"아니 되오 세자를 오랑캐에게 보내다니! 이다지도 불충한 무리들이 어찌 조정에 있었단 말인고? 내가 이들을

죽여서 맹세코 하늘을 함께 대하지 않겠노라"

큰 소리로 다짐을 하자 동지들이 두 주먹을

불끈 쥐고 일어나 건의를 한 사람에게 중죄를

내리도록 주청하였다

남한산성이 포위된 지 7일째가 되었다

중과부적인 우리 병사들은 고작 밤을 틈타

기습작전에 의존하는 도리밖에 없었다

12월 21일 마부대는 남한산성 밑에서 외쳤다

"성안 사람들은 들거라! 우리 청태종 황제께서 송도에 이르러 계시다 어서 항복하라! 항복하지 않으면 총공격을 감행 짓밟아버릴 것이다!"

오금이 저린 인조는 나만갑을 불러 물었다

"양식은 며칠이나 지탱할 수 있는가?"

"전하 60일은 지탱하겠사옵니다"

조정대신들이 편을 갈라 싸우며 화친을 자주

거론하는 최명길을 참수하라고 아우성을 쳤다

출성차비를 갖추어라

1637년 1월 청태종이 도착하여 북한강에 진을 치고
전군을 지휘하기 시작하였다 남한산성은
고립상태에 빠져 포위된 지 45일 만에 추위와
식량부족으로 성안의 장병들은 싸울 기력을
상실한 채 주전론과 주화론의 열기만 높았다
세자빈 봉림대군 종친들이 숨은 강화도가
박살이 나도 대책이 없었다
1월 20일 세찬 바람을 맞으며 산성을 나선
최명길·이홍주·윤휘 등은 적진으로 가 청태종의
답서를 받아가지고 왔다
척화를 주장한 사람들을 결박지어 보내라는
것이다 성안에서는 긴급회의가 거듭되었지만
결론이 나지 않았다
척화신의 우두머리로 김상헌·오달제·윤집 같은
사람이 있었지만 성안에 있지도 않은 홍익환을
척화신의 우두머리로 내세웠다
이때 홍익환은 평양 서윤으로 있었다
"죄인 홍익환은 어명을 받으라!"
홍익환은 깜작 놀랐다 어명에 의해 죄를 받을
만큼 잘못이 없었던 것이다 꿇어 엎드려
교지를 받아본 홍익환은 그제서야 미소를 짓고
두 손을 내밀었다
홍익환은 심양으로 압송되어 처형당했다

홍익환이 처형되고서도 적은 계속해서 인조의
출성을 재촉하면서 공격을 가해왔다

"전하 소신 죽을 각오로 진언하나이다"

최명길의 심각한 태도에 어전은 조용했다

"전하께서는 일국의 흥망과 종묘사직의 계승을 이어야 할 책임이 있사옵니다 잠시의 굴욕을 참으시고 후일을 기약하셔야 할 것이옵니다"

인조와 신하들은 묵묵부답이었다

"아바마마 소자가 볼모로 가겠나이다
소자의 일로 상심치 마시옵소서"

소현세자가 인조에게 진언하자 최명길은 세자의
도움이 고마웠다

"강화도의 종묘사직이 더렵혀진 터에 내가 무얼 망설이겠는가? 출성차비를 갖추어라!"

삼전도의 굴욕

1637년 1월 30일 해는 떴으나 빛을 잃었다
아침이 되자 용골대가 산성으로 찾아와 인조의
출성을 재촉했다 밤을 새워 지은 남색 군복을
입은 인조가 출성하자 신하와 백성들은 땅을
치고 통곡했다
홍타시는 아홉 층계의 단을 쌓고 그 위에 올라
황금빛 장막에 황금빛 일산을 받고 앉아
만족한 웃음을 띠고 있었다
인조는 앞으로 다가가 홍타시를 한번 쳐다보고
천천히 세 번 절하고 다시 아홉 번 머리를
조아렸다 3배 9도두의 예를 치른 것이다
홍타시는 느긋하게 인조를 바라보며 일갈했다

"지난 일을 이야기하면 장황할 것이다 그대가 오늘 용기 있게 항복한 것을 기쁘게 생각하노라"

"천은에 감복하여이다"

황망한 창덕궁

1637년 1월 30일 굴욕적인 항복식이 끝나고
저녁이 되자 홍타시는 인조에게 서울로 돌아갈
것을 허락했다 인조는 동교로 나가 떠나는
홍타시를 환송했다
홍타시는 살곶이 마장동을 경유하여 양주로
인조는 살곶이에서 도성으로 향했다
50일 만에 다시 보는 창덕궁은 오랑캐의 횡포에
참담하게 망가져 있었고 인조를 반겨줄 사람도 없었다
왕비 한씨는 2년 전에 사망했고 소현세자와
봉림대군은 적진에 남겨놓고 왔다
창덕궁은 황망하기만 했다

볼모로 가는 왕자

1637년 2월 6일
인조는 다르곤이 있는 곳으로 행차했다
다르곤은 청태종의 아홉 번째 동생으로 세자를
비롯해 많은 인질을 볼모로 데리고 가는
임무를 맡고 있었고 창덕궁을 나서는 어가는
무악재를 넘어 창룡에서 진을 치고 있는
세자일행을 기다렸다
말머리를 나란히 한 소현세자와 봉림대군
좌우에는 구인후가 뽑은 8명의 병사가
뒤에는 소현세자빈 강씨와 봉림대군의 부인
장씨의 옥교가 따랐다
두 형제는 급히 말에서 내려 부왕 앞에
엎드려 절을 하는 세자의 어깨가 들먹거렸다
세자를 바라보는 부왕 인조는 애간장이 녹았다
봉림대군은 태연했다 행여 슬픈 빛을 띠어
아바마마를 상심케 할까 염려한 것이다
시종백관은 물론이요 연도의 늘어선 백성들의
통곡소리가 하늘을 진동하였다

역사는 반복되는가

슬픈지 기쁜지 모르겠다
2017년 3월 10일 11시 21분
박근혜 대통령은 헌법재판소 헌법재판관
8명의 전원일치로 파면되었다
헌법재판소는 탄핵사유를 5개 관점에서
정리했지만 2개 쟁점이 결정타였다
최순실에 대한 ① 국정개입 ② 권한 남용 대통령 파면에 이를만한 법 위반행위의 중대성이 그것이다
최순실을 위해 국정농단이 이뤄졌고
대통령 권한까지 남용됐다는 것이다

공생(共生)

한여름
말초신경을 자극하는 모기소리에
밤새도록 싸우다가 잠이 들었다
아침 일찍 일어나 옆을 보니
어제 저녁 피를 빨아먹은 모기가
장판바닥에 벌렁 자빠져 있었다

가노라 삼각산아

김상헌은 1640년 겨울
용골대에 의해 신득령·조한영·채이항·박황
등과 함께 척화대신으로 심양에 잡혀가
옥에 갇혔다
이들 5인은 사형선고까지 내려진 몸으로
김상헌이 잡혀 오면서 읊은 시가 있다
「가노라 삼각산아 다시보자 한강수야 고국산천을 떠나고자 하랴마는 시절이 하수상하니 올동말동 하여라」
최명길과 김상헌 이들은 척화와 화의를
주장한 상반된 인사로 최명길은 김상헌이
이름을 후세에 날리기 위해 척화한 것으로
알았으나 시금 잡혀 와서도 칭나라에 꿋꿋하게 하는 것을 보고
그가 참으로 충의의 선비인 것을 알았다
김상헌도 최명길이 송나라 진회와 같이
화의함으로써 나라를 망칠 줄 알았더니
어느덧 명나라와 내통하여 잡혀온 것을
알게 되었다
김상헌이 먼저 말을 걸었다
"여보 지천대감! 내가 지금까지 대감을 잘못 생각했소이다 용서하시오"
"나도 대감의 고지식한 것이 구부러지지 않는 것을 보았소이다"

장소는 비록 적국의 감옥이었으나 두 사람의
우정은 더욱 깊어가고 있었다

용골대는 이 두 사람의 참형을 상주했다
"폐하 두 사람은 조선에서 명성이 높은 자들이옵니다 일벌백계의 견지에서 중형에 처하도록 하시옵소서"
"그래 경이 문초해 봤나?"
"아무리 문초해도 하나는 처음부터 죽을
각오로 시종 반항적이고 하나는 말을 아주
뛰어나게 잘 하옵니다"
"그럼 모두 어느 나라를 위하는 자들인가?"
"자기나라 조선을 위하는 자들이옵니다"
청태종 홍타시는 잠시 생각하는 듯하다가
"충신을 죽이는 것이 황제의 덕에 해가 되겠지? 그들의 소행은 응당 죽일만하나 호생지덕을 베풀도록 하라!"
용골대는 밖으로 나와 소현세자에게
이 사실을 알리고 다음날 용골대가 감옥에
가서 두 사람을 용서하니 이들은
황궁 쪽으로 서향재배하록하고 옥문을 열었다
최명길은 김상헌과 함께 절을 하고
그를 일으키려 하였다
그러나 김상헌은
"나는 허리가 아파 일어나지 못하겠소"
이를 본 용골대는 칭찬인지 격분인지 모를 소리로
"대단한 고집통이구나!"하고 혀를 찼다

세월이 가네

짜깍짜깍 시계소리
세월을 몰고 간다
세월을 몰고 가는
시계소리
서재 안에 가득하다

한강수

오대산 영월 단양을 지나
여주로 흐르는 남한강
금강산 춘천 화천을 거쳐
양평으로 흐르는 북한강
두 강물이 양수리에서 만나
우리의 생명선으로
한강이 흐른다
그 강물 위에 드리워진
'한강의 기적'
자손만대에 길이 빛날 업적
우리의 자랑이다

한반도 위기론

2017년 11월 29일
북한의 신형 대륙간탄도미사일
화성-15형 발사시험 이후 한반도 위기론이
거세지는 중 백악관 국가안보보좌관은
"북한과의 전쟁가능성이 매일 커지고 있다
남은 시간이 별로 없다"
현재 한국엔 주한미군 28,500명이 동반 가족
수만 명과 함께 살고 있다
이들의 철수 주장이
공공연하게 나돌고 있으니

문재인 대통령 방중

문재인 대통령이
2017년 12월 13일 베이징
서우두(首都) 국제공항에 도착
3박4일간 국빈 방중일정에 들어갔다
시진핑 중국 국가주석은 난징(南京)대학살
80주년 추도식 참석 차 난징으로 떠나고
공항에는 쿵쉬안유 중국 외교부
아시아담당 차관보와 추궈홍 주한대사가 나오고
군인 50여 명이 도열해 문재인 대통령께 거총경례를 했다

한국기자 폭행

문재인 대통령의 방중 일정을 취재하던
한국 사진기자 2명이 중국경호원들에게
폭행을 당했다
청와대는 문 대통령 홀대론이 나오는
상황에 폭행사건이 불거지면서
문 대통령의 중국 방문에 악영향을 미칠
것을 우려하고 있다
한국일보 기자는 멱살을 잡히고
매일경제기자는 15명이 넘는 경호원들에게
둘러싸여 집단구타를 당했다
말리던 청와대 직원들도 폭행을 당했다

한·중 정상회담

2017년 12월 14일
문재인 대통령과 시진핑 중국 국가주석이
2시간 15분 동안 정상회담을 했다
두 정상은
① 한반도에서의 전쟁은 절대 용납할 수없다
② 한반도의 비핵화 원칙을 확고하게 견지한다
③ 북한 비핵화를 포함한 모든 문제는 대화와
협상을 통해 평화적으로 해결한다
④ 남북한 간의 관계 개선은 궁극적으로
한반도 문제를 해결하는 데 도움이 된다

외교 혼밥

먹는 걸 하늘로 여기는 중국에서
손님 접대의 1번은 식사초대라고 한다
리커창 총리와 오찬이 잡히지 않은 건
부끄럽기까지 하다고
중국에서 문재인 대통령 혼자 밥을 먹어야 하는
'외교 혼밥' '홀대론'이 나오는 이유다
인권변호사 출신 문재인 대통령
전 세계적인 민주주의의 퇴조 흐름 속에
미국의 도널드 트럼프 현상
영국의 브렉시트
블라디미르 푸틴 러시아 대통령
중국은 공산주의국가다
우리의 민주화 대통령은 외롭기만 하다

정유국치(丁酉國恥)

정상회담은 외교의 꽃이라 했다
제삿날 도착에 공동성명이 불발됐다
수행기자 폭행에 대통령 혼밥까지
문재인 대통령의 국빈 방중은 외교치욕
2017년 정유년 '정유국치'라는
야당의 공세가 거세다

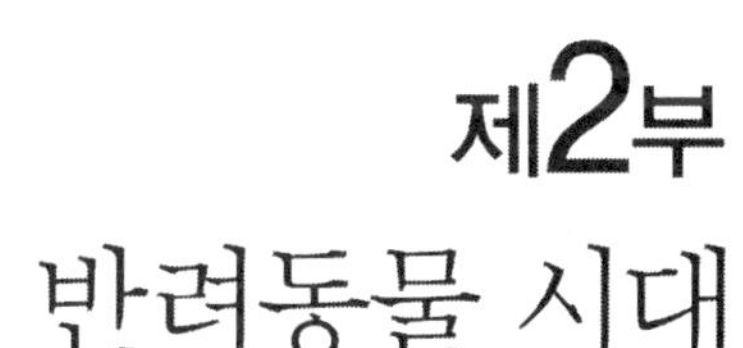

제2부
반려동물 시대

망각(忘却)

2011년 7월 6일 밤 12시
남아공 더반에서 열린 제123차 IOC총회에서
평창이 2018년 동계올림픽 개최지로 선정돼
1988년 여름올림픽
2002년 월드컵
2011년 세계육상선수권대회 등
4대 국제스포츠대회를 모두 유치하는
나라가 됐다 따라서 4대 국제대회를 치른
프랑스·독일·이탈리아·일본에 이어 다섯 번째 국가가 되었다
동계올림픽은 돈이 많이 드는 대회로 주로 선진국에서 개최되었다
스포츠 한국의 위대한 걸음은 1981년 독일의 바덴바덴에서
일본 나고야를 제치고 1988년 서울올림픽
유치에 성공하면서 시작되었다
서울올림픽은 한국이 개최한 첫 세계대회로
이 대회는 힘겹게 걸어온 한국의 성인식과 같아
비로소 가난한 분단국가의 이미지를 털고
'한강의 기적'을 완성해 낸 것이다

중국 한국단체관광 단절

문재인 대통령이 한·중정상회담을 끝내고
귀국 이틀만인 2017년 12월 18일
중국 군용기 5대가 방공식별구역에 진입해
우리 공군전투기가 긴급 발진한데 이어
닷새 만에 중국은 한국행 단체관광을 막기 시작했다
21일에는 충북 제천시 하소동에 9층짜리
복합상가 '노블 휘트니스 앤 스파' 화재로
29명이 숨지고 35명이 다쳤다.
22일 문재인 대통령은 화재 현장엘 찾아가
유족들과 즉석 간담회도 했다
유족들은
"세월호 이후에는 좀 나아지는가
했는데 우리나라 안전시스템이 나아진 게 뭔가"라며
분통을 터뜨렸다

경향신문의 시 한 편

사랑은 말자
사랑해도 결혼은 말자
결혼해도 아이는 낳지 말자
가장 합리적인 방식으로
아이는 무럭무럭 시들어갈 테니
시들시들 메말라갈 테니
이렇게 슬픈 나라에서
어쩌다 사랑에 빠졌다고
결혼은 말자[1])

1) 고은강, 「고양이의 노래 5」 본문

대통령이 울고 계셨다

문재인 대통령이 제천화재 29명의 희생자
유가족을 위로하는 모습을 박수현 청와대 대변인은
"문재인 대통령의 숨소리에 울음이 묻어 있었다 아니 문 대통령은 분명 울고 계셨다"
"희생자 한 분 한 분 앞에 대통령은 일일이 엎드리셨다 유가족의 욕이라도 들어주는 게 대통령이 지금 해야 할 일"이라며 돌아오는 차안에서 또 울먹이신다고 했다
기다렸다는 듯이
성완종 리스트에서 무죄가 확정된
자유한국당 홍준표 대표는
"세월호 참사를 이용해 정권을 잡은 세력이 세월호보다 더 잘못 대응해 사상자를 키웠다"고 주장했다

박근혜 재판거부

박근혜 전 대통령은
2017년 3월 21일 국정농단사건으로
서울구치소에 수감되어 재판을 받고 있다
10월 16일 재판에서
"재판부에 대한 믿음이 더 이상 의미가
없다는 결론에 이르렀다"
며 사실상 재판 보이콧을 선언하고 이후
재판에 나오지 않고 있다

반려동물 시대

'놀고 먹는 개 팔자'
'개 팔자 상팔자' 이런 말은 흔히 들어왔다
지금 그런 세상이 돼가고 있다
사람은 돈 벌어다가 개에게 먹여주고
씻겨주고 재워주고 같이 자주고 산책하면서
개판이 되어가고 있는 느낌이다
반려동물 시장이 커지면서 펫 적금부터
초호화 호텔과 장례까지 이색 서비스와
펫 전용 택시도 생겼다
반려동물과 대중교통을 이용할 때 배변실수를 하지 않을까? 짖지 않을까?
배변 패드 기저귀 등도 등장하고 있다

황구(黃狗) 정치

무술년 새해가 밝았다
2018년 무술년(戊戌年)은 황금 개띠해
10간(干)의 무(戊)는 노란색 12지(支)의 술(戌)은
개에 해당한다
새해를 맞아 사방을 둘러봐도 잿빛이다
저출산과 고령화 헬조선을 외치는 젊은이들
종잡을 수 없는 북핵문제
미국 우선주의의 트럼프 대통령
중국몽(中國夢)의 시진핑 주석
과거 회귀의 아베의 이들 틈새에 낀 대한민국의 입지는 좁아졌다
적폐청산이란 칼춤으로 국민은 분열하고
협상과 타협은 증발해 불통과 편 가르기가
판치는 황구 정치가 판치고 있을 뿐이다
황구의 속어는 똥개다

김정은의 신년사

무술년 새해벽두 신년사를 통해
핵을 앞세운 북한 김정은의 승부수가
평창동계올림픽을 겨냥했다
"민족 위상을 과시할 좋은 계기"라고 치켜 올린 그는
"대표단 파견을 포함한 조치를 취할 용의가 있으며 이를 위해 북남당국이 시급히 만날 수도 있다"고 밝혔다
미국에 대해선
"미국 본토 전역이 우리의 핵 타격 사정권 안에 있으며 핵단추가 내 사무실 책상 위에 항상 놓여있다"
면서 미국의 위협에 대한 억지력을 강조했다
청와대는 북한 신년사 7시간 만에 이를 환영한다며
"평창올림픽이 성공적으로 개최되면 한반도는 물론 동북아와 세계평화에 기여할 것"이라고 환영했다

뚝배기 깨지는 소리

홍준표 자유한국당 대표는 1월 2일 김정은
북한노동당 위원장의 신년사를 두고
"청와대가 반색하고 환영하는 것은 북의 책략에 놀아나는 것"이라고 강력하게 비판하면서
"남남갈등을 초래하고 한미갈등을 노린 신년사라 착잡하다"고 평가했다
홍 대표는 "김대중 정부와 노무현 정부의 햇볕정책 10년이 북핵개발의 자금과 시간을 벌어준 것처럼 문재인 정부의 대북대화 구걸정책도 북핵완성 시간을 벌어준 것"이며
"역사의 죄인이 될 것"이라고 했다

이게 웬 떡인가

김정은의 신년사를 해석하는 과정에서
다수의 청와대 참모진들은 일단 신중한 입장을
취해야 한다는 의견을 제시했으나
문 대통령이 의견을 청취한 뒤 직접
'대화 제의에 대한 호응으로 봐야 한다'고 했다
문 대통령은 1월 2일 청와대에서 주재한
국무회의 모두발언에서
"김정은 위원장이 신년사에서 북한 대표단의 평창올림픽 파견과 남북당국회담 뜻을 밝힌 것은 평창올림픽을 남북관계 개선과 평화의 획기적인 계기로 만들자는 우리 제의에 호응한 것으로 평가하며 환영한다"고
1월 9일 회담을 제안했다

트럼프의 핵단추

2018년 1월 2일 올해 업무를 시작한
미국 정부가 김정은 북한노동당 위원장의
신년사와 관련한 성명을 쏟아내며 김정은의
유화공세에 화답하는 듯한 문재인 정부의
남북대화 추진을 견제하는 성명에서
“김정은의 대화 제의는 회의적”
“핵을 포기할 때까지 우린 어떤 대화도 진지하게 받아들이지 않을 것”이라고
특히 김정은 ‘핵단추’ 발언에 맞대응한
트럼프의 ‘더 강력한 핵단추’가
북한에 대한 미국의 군사적 우위를 과시한
“내겐 더 큰 핵단추가 있다”고 했다

아베의 침묵

아베 신조 일본 총리가 1월 4일
신년 기자회견에서 최근 논란이 되고 있는
한일위안부 합의 문제에 침묵했다
문재인 대통령이 위안부 피해자 할머니들을
청와대로 초청해 오찬을 하는 등 한국정부의
위안부 합의와 관련한 적극적 행보와는 대조적이다
1월 10일로 예정된 문 대통령의 신년
기자회견에서 나올 한국 정부의 추가 조치가
나오기 전에는 두고 보자는 것이란 풀이다

판을 키운 트럼프

트럼프 미국 대통령은
1월 6일 대통령 별장에서 신년모임을
가진 뒤 남북대화가 평창올림픽 문제를
넘어서는 문제로까지 진행되길 바란다는 입장을 내놓았다
자신이 김정은과 당장 전화 통화할
용의가 있고 조건부 직접대화 가능성을 내비친 것이다
트럼프 대통령은
김정은 북한노동당 위원장이 신년사에서
내민 평창올림픽 참가라는 올리브 가지가
문재인 정부의 전폭 수용과 한미연합군
군사훈련 연기 합의를 거쳐 트럼프의
북미 간 직접 대화 용의가 있다고 선언했다

남북 고위급 당국회담

남북은 2018년 1월 9일
판문점 남측 평화의 집에서
남북 당국회담을 열고 북한의 평창동계올림픽
참가 합의내용을 담은 3개항의 공동보도문을 발표했다
'북측은 평창올림픽에 고위급 대표단과
민족올림픽위원회 대표단·선수단·응원단·예술단
참관단·태권도 시범단·기자단을 파견한다'고 합의하고
남측은 북측 방문단의 편의를 보장한다

대통령 신년 기자회견

문재인 대통령은 2018년 1월 10일
청와대 신년기자회견에서
"북핵문제가 해결돼야 남북 관계가 개선될 수 있다"
"북한이 도발을 하거나 북핵문제에 해결 의지를 보이지 않으면 정부는 두 가지 (대화·제재)를 모두 구사하는 정책을 펼치지 않을 수 없다"고 말했다
그러면서 "오로지 대화만이 답이라고 말할 수 없다"
"비핵화는 결코 양보할 수 없는 기본 입장"이라 강조했다

얼어붙은 한강

서울의 최저기온이 영하 15.3도를 기록
전국에 올 들어 가장 강력한 한파가 몰아닥친
2018년 1월 12일 한강뿐 아니라 모든 게 얼어붙었다
정부에 이어 금융권도 암호화폐 꽁꽁쥔다
아베 일본 수상 한국의 위안부 추가 조치
절대 수용 못한다고 문재인 대통령의 신년
기자회견 내용을 반박했다
제주공항에는 폭설로 결항 292편
지연 312편 등 차질을 빚었고
워싱턴은 북한에 두 갈래 메시지를 전달했다
트럼프는 남북대화를 위해 훈련 연기와
북·미대화 의지를 적극적으로 표명한데 이어
국무부·국방부 제재압박을 계속해 북 비핵화
없인 협상불가를 못 박았다
북한은 관영 매체를 통해 문재인 대통령의
신년기자회견을 두고 "얼빠진 궤변" "가을뻐꾸기 같은
소리" "가시 돋친 음흉한 악설 일색"이라는
표현을 동원해 비난했다

노무현 죽음의 정치보복

2018년 1월 17일 이명박 전 대통령은

검찰의 국가정보원 특수활동비 수수의혹 수사와 관련

"적폐청산이라는 이름으로 진행되는 검찰 수사에 대해 많은 국민들이 보수궤멸을 겨냥한 정치공작이자 노무현 전 대통령의 죽음에 대한 정치보복이라 보고 있다"고 했다

문재인 대통령의 분노

2018년 1월 18일 문재인 대통령은
정치보복을 주장한 이명박 전 대통령을 향해
"노무현 대통령의 죽음을 직접 거론하며
정치보복을 운운한 데 대해 분노의 마음을
금할 수 없다"고 했다
문 대통령은 청와대 박수현 대변인을 통해
"우리정부에 대한 모욕이며 대한민국의
대통령을 역임하신 분으로서 말해서는 안 될
사법질서 정치금도를 벗어나는 일"이라고
청와대가 이례적으로 문재인 대통령의
심경을 담은 '직설화법'을 전격 발표함에
따라 2009년 노무현 전 대통령 자살로 촉발된
문재인 정부와 이명박 정부의 갈등이 전면전
양상으로 치닫고 있다

개띠해에 개망신

북한이 1월 20일 오전 보내겠다고
먼저 제의했던 현송월 삼지연관현악단장을
비롯한 북측 예술단 사전점검단의 남측
방문을 20일 밤 10시에 전격 취소하면서
이유는 밝히지 않았다
통일부 당국자는 "사전점검단의 파견을 중지한다는 것은 취소가 아니라 연기라고 본다"고 했다
황금 개띠해에 개망신 당한 꼴이지만
결국 일정변경에 해명 없이 북한은 21일
경의선 육로를 통해 현송월 단장 등
북한예술단 사전점검단이 방남(訪南)해
오후 서울역에서 KTX차를 타고 강릉역에 도착했다
22일에 상경해 잠실체유관·장충체유관
국립극장 등을 돌아보고 22일 밤 북으로 돌아갔다
초강력 태풍 '현송월'호가 한반도 남녘을
휩쓸고 갔지만 우리 정부는 입도 뻥끗하지
못하고 북측 요구를 수용하는 저자세로
정상급예우에 북한 눈치 봤다는
비난여론이 일고 있다

86세대의 역사적 책임

경향신문 장은주의 정치시평에서
'박정희의 자식들'이기도 했던 우리들은
민주주의가 무엇인지 제대로 알지도 못한 채
새 시대의 주인공인양 자처해왔다
'민족' '계급'이라는 두 도그마에 사로잡혀 있었던
우리의 이데올로기적 환상과
거기서 비롯된 시대착오적인
정치적 세계관은 자주 우리 민주주의와
실천을 일그러뜨리곤 했다
진보를 자처하는 우리의 가정과 직장은
민주주의의 사각지대로 남아있기도 하다
어쩌면 우리는 영원히 이 시대적 한계를
벗어던지지 못할 지도 모른다고 했다

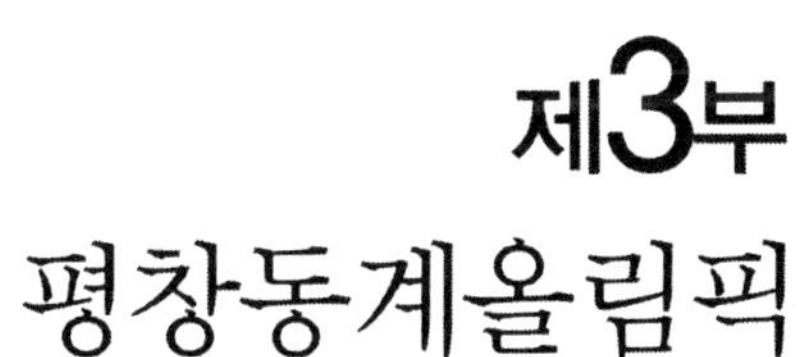

제3부
평창동계올림픽

평창올림픽엔

붕어빵에 붕어가 없다더니
평창동계올림픽엔 평창이 없다고 했다
여당은 평화올림픽
야당은 평양올림픽
분열과 갈등으로 헷갈리는데
밀양 세종병원 삼킨 화재로 39명 사망
151명 다치니 원성과 네 탓 공방으로
세상이 어지럽다

한국의 대통령들

평창동계올림픽 행사에
문재인 대통령이 이명박 전 대통령에게
초청장을 보냈지만 검찰 소환이 임박하다
박근혜 전 대통령은 구속 재판중이고
살아있다면 상좌에 모셔야 할
김대중·노무현 전 대통령이런만
살아있어도 초청받지 못한
전두환 노태우 전 대통령
'우째 이런 일이?'의 주인공 YS는 가고
대통령 경륜이 넘쳐나는 JP의 근황이 궁금하다

용평스키장

2018년 2월 2일
큰 사위 강서방의 차를 타고 용평엘 갔다
용평스키장 입구 700석 황태회관에서
황태구이로 점심을 먹고
날씨는 눈 덮인 봄날처럼 화창했지만
높은 파도가 출렁이는 강릉 경포해수욕장엔
2018평창문화올림픽의 시작을 알리는
'파이어 아트 페스타 2018' 버닝 전야제
설치미술 작품들이 거센 바닷바람에 쓰러질듯 휘둘리고 있다
어두컴컴 눈빨마저 휘날려
용평과 강릉은 마치 남과 북의 딴 세상 같아
서둘러 주문진 어시장엘 가니 훈풍이 돌아
사람 사는 곳 같았다

폭풍의 언덕

2018년 2월 6일
항소심서 징역2년6월 집행유예 4년
353일 만에 석방된 이재용 삼성 부회장
톱기사를 시작으로
북 암호화폐 해킹 수백억 탈취 사건
북 예술단 만경봉호 타고 묵호항에
MB(이명박)가 국정원 특활비 상납 주범
5개은행 채용비리 22건 본격 수사
강원랜드 채용비리 수사
서지현 검사 성추행 폭로 후
Me Too(나도 당했다) 여성검사들이
제목소리를 내기 시작했다
펜스 미 부통령이 초청해
북한 인권 알리려 웜비어 아버지도
평창에 온다는데 문재인 대통령 국회만
바라볼 수 없다 개헌안 준비 지시…
모스크바보다 추운 평창의 날씨라던가
울릉도와 독도에는 2m가까운 폭설로 교통이 두절되었다
국방부가 5·18광주 민주화운동 때 계엄군이
헬기에서 시민들에게 사격한 사실 확인 등
마치 폭풍의 언덕을 연상케 한다

펜스 미 부통령 방한

미국 평창동계올림픽 대표단은
최고의 압박 카드를 들고 방한했다
트럼프 대통령의 메신저로 온 펜스 부통령은
청와대에서 문재인 대통령을 예방하고
“가장 중요한 것은 한반도 비핵화”라고 했다
“미국은 할 수 있는 최대한의 압박에 한국과 어깨를 나란히 하고 노력을 경주할 것”이라고도 했다

한미동맹의 틈새

문재인 대통령은 2월 9일 오후 5시 20분부터
리셉션장소인 평창 용평블리스힐스테이
리조트에서 평창동계올림픽 개회식에 앞서
환영 리셉션을 주재하며 각국 정상들을 맞았다
문 대통령은 김영남 북한 최고인민회의
상임위원장과 독일 대통령 등 정상들과 악수
펜스 부통령의 도착을 기다렸다
예정시각 6시를 넘겨도 펜스 부통령과 아베
총리가 오지 않아 행사를 진행시켰다
문 대통령의 환영사
토마스 바흐 IOC위원장의 건배사 이후
펜스 부통령과 아베 총리가 뒤늦게 도착해
몇몇 정상들과 악수를 했지만
김영남 위원장과는 악수하지 않고
펜스 부통령은 5분 뒤 퇴장해 버렸다
펜스 부통령은 방한 직전부터
"북한이 올림픽 메시지를 납치하려 한다"고 우려했다

평창동계올림픽 개회식

2018년 2월 9일 오후 8시
강원도 평창올림픽스타디움에서
2018평창동계올림픽이 막을 올렸다
5명의 어린이가 경기장에 입장하면서
개회식이 시작돼 92개국 2,925명의 선수들이
17일간의 대장정에 들어갔다
이날 개회식에는 문재인 대통령과
토마스 바흐 IOC 위원장
아베 신조 일본 총리
프랑크 발터 슈타인마이어 독일 대통령
마이크 펜스 미국 부통령 등 16개국 정상급의
외빈이 참석했다 북한 김영남 최고인민회의
상임위원장 김정은 위원장의 여동생
김여정 노동당 제1부부장이 참가했다

북한특사 김여정

2018년 2월 9일 방남한
김여정 북한 노동당 중앙위원회
제1부부장은 10일 문재인 대통령에게
"빠른 시일 안에 평양을 방문해 줄 것을 요청한다"는
김정은의 친서를 전했다
문 대통령은 "앞으로 여건을 만들어 성사시키자"고 답했다
북한대표단의 2박3일 동안 문 대통령은
김여정과 네 차례 만났고 김여정 일행이
11일 저녁 10시 인천국제공항에서
돌아가던 날 오전 5시경
포항시 북구 북서쪽 5km 지역에서 4.6지진이 발생해
일부 시설물이 파손되고 주민 36명이 부상 당했다

속 타는 평화올림픽

문재인 대통령과 펜스 미국부통령의
한미정상회담 장소에서 문재인 대통령은
원고를 들고 읽는 것이 이색적이었다
펜스 부통령은 이를 물끄러미 바라보는
장면이 고스란히 방영되었다
평창올림픽은 김여정 영접으로 분주한데
초청받은 이명박 전 대통령은 어느 자리에
있는지 보이질 않았다
평창올림픽 주관 방송사인 미국 NBC는
개회식 중계 도중 일본선수단이 입장하자
"한국을 1910년부터 1945년까지 강점했던 국가"라고 소개하며
"모든 한국인은 국가 발전 과정에서 일본이 문화적 기술적 경제적으로 중요한 모델이 됐다고 이야기할 것"이라고 전했다
영국 일간지 더타임스는 개회식에서
남북선수단이 공동입장하며 사용한
한반도기에 제주도를 "일본이 소유한 섬"이라고 표기해 물의를 빚었다
북한 응원단이 여자하키 남북단일팀 경기 때 쓴
'남성가면'이 '김일성 가면'이란 논란을 불러오기도 했다

Me Too 공포시대

미국 부통령 펜스엔 식사대접 한 번
일본 아베 총리엔 0번
북한 특사 김여정엔 네 번
그러는 동안 검찰 '성추행사건진상규명 및
피해회복조사단 조희진 단장은 2월 12일
현직부장검사를 긴급체포했다
소환조사과정에서 현직 부장검사를 체포한 것은
조사단 신설 후 처음이다
검찰관계자는 "검찰조직 내 성폭력 의혹 사건에 대한 전수조사를 하다 관련 혐의를 확보했다"며
"이제 단순 조사단계를 넘어 강제조사 단계로 접어들었다고 봐도 된다"고 해
'Me Too 공포'의 시대를 열었다

최순실 징역 20년

이런 아수라장 속에서도
서울중앙지법형사22부(재판장 김세윤)는
2018년 2월 13일 1심에서
박근혜 정부의 비선실세로 국정농단사태를 촉발한
최순실에게 징역 20년과 벌금 180억원
추징금 73억원을 선고했다
박근혜 전 대통령과 최순실에
뇌물 공여혐의로 불구속 기소된 신동빈
롯데그룹 회장은 2년 6개월의 실형과
추징금 70억원을 선고받고 법정구속 되었다

설 연휴 첫날

사람들은 해외로 몰려가고 귀성은 개(犬)들이
하고 있다고 중앙일보 1면에는
"애기들 데리고 고향가요"
서울역에서 한 마리는 들고 하나는 끌고 가는
젊은 여성의 사진이 크게 실렸다
경향신문에는 "또 떠난 위안부 할머니… 이제 30명 남았다"
도널드 트럼프 미국 대통령이 2월 13일
GM의 한국 군산공장 폐쇄 결정과 관련해
"정말 중대한 발표다 내가 대통령이 되지
않았으면 이런 소식을 듣지 못했을 것"이라며
"그들이 한국에서 디트로이트로 돌아 오고 있다"고 말했다

평창외교전의 망신

문재인 정부가
마이크 펜스 미국 부통령과
김여정 북한노동당 제1부부장의 회동을 주선해
성사 직전까지 갔다가 막판 북한 측의 거부로
만남 2시간 전에 무산되었다
펜스 부통령과 김여정은 2월 10일 오후
청와대에서 회동할 예정이었다고

개망신의 으뜸은

법조계를 시작으로 Me Too 운동이 확산돼
연출가 이윤택(66) 전 연희단패거리 예술감독이
성추행 관련 논란 끝에 고개를 숙였고
청주대학 공연영상학부 교수인 배우 조민기가
수차례 여학생들을 성추행했다는 투서로
조사를 받고 자살
교육부가 '문단 내 성폭력' 가해자로 지목된
고은(84) 시인의 시가 실린 교과서 현황을 파악하고 있다
Me Too운동은 문화예술계 교육계 종교계
체육계 정치계를 망라 들불처럼 번지고 있다

이방카 방한

도널드 트럼프 미국 대통령의 딸인
이방카 백악관 보좌관이 평창동계올림픽 폐막식
참석을 위해 방한하던 날 23일 문재인 대통령이
청와대 접견실에서
"비핵화 대화와 남북 대화는 별도로 갈 수 없으며 두 대화의 과정은 나란히 함께 진전돼야 하고 이를 위해 한·미 양국의 긴밀한 공조가 중요하다" 고 말했다
이에 이방카 보좌관은
"북핵과 미사일 해결을 위한 최대의 대북 압박
공동 노력이 효과를 거뒀다"며
"한국의 대북제재 노력을 지지한다"고 밝혔다
트럼프 대통령은 이날 북한의 석탄·석유의
불법거래를 막는 해상차단을 포함한 가장 큰 규모의
추가 대북제재를 발표했다

김영철 체포하라

김영철 북한 노동당 부위원장 겸
통일전선부장의 방한에 대한 보수진영의
반발이 거세지고 있다
자유한국당과 바른미래당은 23일
"2010년 천안함 폭침의 주범인 김영철이 대한민국 땅을 밟아선 안 된다"고 목소리를 높였고
한국당은 청와대 분수대 앞에서 규탄대회를
열고 항의서를 전달했다
규탄대회에는 의원 70여 명이 참여해
"천안함 폭침 주범 김영철을 처단하라"
"주사파 정권 자폭하라" 등의 구호를 외쳤다
김무성 의원도
"이제 드디어 문재인 정권의 실체가 드러났다"
"만약 천안함 폭침의 주범인 김영철이 대한민국 땅을 밟고 대한민국 대통령과 악수한다면 문재인을 대한민국 대통령으로 인정할 수 없다"고 했다

개구멍 방남 북대표단

2월 25일 김영철 북한 노동당 대남담당 부위원장이
북한대표단을 이끌고 방문했다
보수야당과 천안함 유족이 강력 반발했고
자유한국당은 "살인마 전범 김영철이 대한민국을 범했다"
며 전날부터 이날까지 16시간 동안 파주
통일대교 남단 도로를 점거한 채 밤샘
농성을 벌였고 북한 대표단이 통일교 동쪽
전진교를 통해 남측으로 향했다는 소식이 전해지자
"정부가 김영철이 시궁창의 쥐새끼처럼 서울로 들어올
수 있도록 방조했다"고 비판했다

성화는 꺼지고

2018년 2월 25일 평창동계올림픽의
성화는 17일간의 열전을 벌이고 꺼졌다
평창에 모인 역대 최대 규모인 92개국
2,920명의 선수들은 선의의 경쟁을
끝내고 작별의 인사를
한국은 1988년 서울올림픽 이후
30년 만에 열린 평창동계올림픽에 15개
전종목에서 역대 최다인 146명이 출전
금메달 5개 은메달 8개 동메달 4개로
종합 7위에 올랐다
다음 동계올림픽은 4년 뒤인 2022년
중국 베이징에서 열린다

박근혜 징역 30년 구형

평창동계올림픽이 끝나고
2월 27일 국정농단사건의 주범
박근혜 전 대통령에게 징역 30년에
벌금 1,185억원을 구형했다
2017년 4월 17일 구속기소
317일에 걸쳐 총 100회 진행된 재판은
"정치적 외풍과 여론의 압력에도 오직 헌법과 양심에 따라 재판을 할 것이라는 재판부에 대한 믿음이 더는 의미가 없다는 결론을 내렸다"며 재판거부를 선언한 뒤 변호인단도 총사퇴하자
재판부는 직권으로 국선변호인 5명을 선임했으나
박 전 대통령은 이들의 접견을 거부하며
재판에 나오지 않았다

Me Too에 걸린 안희정

정의용 청와대 국가안보실장을 수석으로
문재인 대통령의 대북 특별사절단이
3월 5일 오후 3시쯤 평양에 도착 김정은
북한 노동당 위원장을 접견하는 날 저녁
안희정 충남지사의 6급 정무비서
김지은(33)은 JTBC 뉴스룸에 출연해
"안 지사로부터 8개월간 4차례의 성폭행을
당했고 수시로 성추행도 이뤄졌다"고 했다
더불어민주당은 긴급 최고위원회의에서
안 지사에 출당 및 제명조치라는 고강도
징계를 만장일치로 의결했다

깜짝 제안·전격 수락

도널드 트럼프 미국 대통령은 김정은 북한
노동당 위원장의 북·미정상회담 제의를 전격 수락했다
미국 현직 대통령과 북한 최고지도자의
회담은 사상 처음이다
트럼프 대통령은 2018년 3월 8일 백악관에서
“김정은이 ‘트럼프 대통령과 직접 만나서 이야기를 나누면 큰 성과를 낼 수 있을 것’이라고 했다”는
정의용 국가안보실장의 전언에 바로
“좋다 만나겠다”
“항구적인 비핵화 달성을 위해 올 5월 안에 만날 것”이라고 밝혔다
김정은의 정상회담 깜짝 제안에
‘완전하고 검증 가능하며 돌이킬 수 없는 비핵화’를 담판 짓자며 역제안을 한 것이다

한국 운명의 봄

문재인 대통령은 3월 12일 청와대에서

주재한 수석·보좌관 회의에서

“우리가 두 달이라는 짧은 기간에 이루려는 것은 지금까지 세계가 성공하지 못한 대전환의 길”

“우리가 성공해낸다면 세계사적으로 극적인 변화가 만들어질 것이며 대한민국이 주역이 될 것”이라고 말했다

대북 특사단이 북한·미국 방문을 통해 이끌어낸 4~5월 남·북정상회담과 북·미정상회담 개최 합의에 대한 중요성을 환기하면서

정치권과 국민에게 힘을 모아줄 것을 요청했다

이명박 구속

2018년 3월 22일 밤 검찰이
이명박 전 대통령에 110억원대 뇌물수수
350억원대 횡령 등 총 6가지 혐의로
구속영장을 청구하고 MB를 다스(DAS)의
실소유자로 명시하고 구속했다

제4부
정녕 봄은 오는가

한국예술단 평양공연

4월 1일과 3일
평양에서 열릴 한국예술단 공연 출연진은
조용필·이선희· 최진희·윤도현·백지영·정인
알리·서현·걸그룹 레드벨벳·강산에
피아니스트 김광민을 포함 모두 11팀이다
방북단은 예술단과 태권도 시범단을 포함
190명 규모로 꾸려지고 정식 명칭은
'남북평화협력기원 남측예술단 평양공연'이며
소제목은 '봄이 온다'로
단장은 도종환 문체부장관이다

김정은·시진핑 회담

김정은 노동당위원장은 3월25일~28일
부인 이설주와 함께 중국을 방문
북·중정상회담을 통해
'점진적·동시적조치'를 통한 비핵화 방안에 합의했다
미국이 지향하는 북한이 핵부터 포기하는
일괄타결과는 거리가 있는 방식이다
김정은은 "현재 한반도 정세가 급변하고 정의와 도의로 볼 때 시 주석에게 직접 와서 통보해야겠다고 생각했다"고

중국 사드보복 철회

중국이 고고도미사일방어(THAAD) 체계
배치와 관련된 보복조치를 철회하겠다는 뜻을 밝혔다
시진핑 국가주석의 특별대표 자격으로 방한한
양제츠 외교담당 정치국위원은 3월 30일
문재인 대통령을 만나
“중국은 문 대통령의 관심사항을 매우 중요시 한다”
“이른 시일 내에 성과를 보게 될 것”이라고 밝혔다
2016년 7월 사드배치 결정 후 20개월 만이다
미국과의 무역전쟁 중인 중국이 대(對) 한반도
영향력을 강화하기 위해 남북한을 향한
적극적인 러브콜에 나서는 모양새라 평가했다

청와대 비서정치

임종석 대통령 비서실장이 개헌안 처리를
위한 국민투표법 개정을 국회에 요구했다
전희경 자유한국당 대변인은
"개헌도 남북 관계도 임 실장과 운동권 출신 청와대만 보이고 내각은 실종된 정부"
"김영철의 천안함 조롱으로 상처받은 국민의 마음을 위로할 때"라고 비판했다
권성주 바른미래당 대변인도
"제왕적 대통령제에 취한 문재인 정권의 비서정치가 임 실장의 만기친람 국정 운영에까지 도달했다" "권력에 취해
낄 데 안 낄 데를 구분 못하는 제왕적
비서실장은 헌법이 규정한 삼권분립의
원칙마저 깨고 있음을 자신만 모르는 듯하다"고 논평했다

박근혜 징역 24년

국정농단 사건의 주범인
박근혜 전 대통령에 대해 2018년 4월 6일
서울중앙지법형사22부(재판장 김세윤)는
1심에서 징역 24년과 벌금 180억원을 선고했다
박 전 대통령은 서울구치소를 통해
"건강 등의 이유로 불출석한다"는 의견서를
제출하고 재판에 출석하지 않아
국선변호인들과 검찰만 참석한 상태에서 궐석재판으로 진행됐다
이날 황사 때문에 서울과 경기·인천 지역에
미세먼지 경보가 발령되고 프로야구 세 경기가
취소되는 등 전국에 꽃샘추위가 찾아왔다
2018년 4월 8일
활짝 핀 벚꽃으로 하얗게 물든 서울여의도는
봄꽃축제가 눈덮인 눈꽃축제로 돌변해
자연과 세상인심이 하나된 듯
민심이 천심이라

우리의 소원은 통일?

종전선언·민족통일·평화번영이라는
화려한 담론이 춤추는 감격의 시대라고
하지만 20대는 떨떨음하다
김정은 면전에서 남북이 손잡고
"우리의 소원은 통일"
을 열창하고 김정은과의 악수가 "영광"이 되고
그의 부인 이설주를 "여사님"이라 부르고
김정은의 국빈방문이 몽상이
아닐 수 있는 극적인 상황에 흥분한다
연애·결혼·출산을 포기하는 3포세대의
아픔은 통일문제에도 배어있다
4명 중 한 명꼴로 일자리가 없는 청년들
통일은 설렘보다 불안으로 다가 온다
"조부모 세대가 만든 분단인데 왜 젊은
우리가 통일비용을 떠안아야 하는지 이해 안 된다"
설사 북핵 폐기와 평화의 과실이 열려도
천문학적 통일비용 청구서를 붙들고
아등바등할 당사자는 바로 자신들이라는
사실을 20대는 잘 알고 있기 때문이다
'우리끼리'라는 북의 제안에 '언제 봤는데'라고
되묻는 게 20대의 속내라고

문재인·홍준표 회동

문재인 정부가 출범한지 11개월 만에
대통령과 제1야당 대표가 단독회담을 했다
"남북대화가 시작된 만큼 야당의 건전한
조언과 대화는 바람직하나 정상회담을
부정하는 건 바람직하지 않다"며
초당적 협력을 부탁했다
이에 홍 대표는 "대화 자체를 반대하지 않는다"
"국가 운명을 좌우할 기회인만큼 회담이 진행되다가 폐기된 과거 잘못을 반복해선 안 된다 북핵 폐기회담이 돼야하며 완전한 북핵폐기 전에 대북제재를 완화하는 것을 반대한다"고 말했다
이명박· 박근혜 전 대통령의 재판도 언급했다

민주당 댓글조작사건

더불어민주당원 댓글사건의 주범인 드루킹이
2017년 5월 대통령 선거를 전후해 비밀
메신저인 텔레그램으로 수십 개의 단톡방을
만들어 운영해온 단서를 포착했다
이중 여러 개의 단톡방에 김경수 더불어민주당 의원이
참여한 정황도 나왔다
경찰은 김 의원의 이름이 단톡방에 올라간 경위와
그가 적극적으로 소통하고 지시했는지
아니면 단순 참여자인지 등에 대해
정밀 조사에 착수했다
현대판 이괄의 난일 개연성이 점쳐지기도 한다

나라를 통째로?

자유한국당은 6·13지방선거 체제 전환에
본격 시동을 걸고 선거 슬로건에서
경제를 줄곧 강조하고 문재인 정부를
'국가사회주의 체제'로 규정했다
내부적으로 4월 27일 남북정상회담이라는
'메가톤급 이슈'에 한국당이 제기하는
이슈가 묻힐 것을 경계하는 기류도 있다
한국당은 지방선거 슬로건을
"나라를 통째로 넘기시겠습니까?"로 확정했다고
25일 밝혔다

당 홍보본부는 "문재인 정권 1년 만에 행정·사법·언론·교육·사회의 무든 분야가 국가사회주의로 넘어가고 있음을 경계하고자 했다"면서

"최저임금 폭탄인 법인세 인상 토지공개념 등 자본주의에서 사회주의로 넘어가고 있는 상황에서 지방까지 넘어가면 대한민국은 되돌릴 수 없다는 비장한
각오에서 나온 슬로건"이라고 밝혔다

남북정상 회담

2018년 4월 27일
문재인 대통령이 판문점에서
김정은 북한 국무위원장을 만나
비핵화 대장정을 시작했다
1953년 한국전쟁이 끝난 뒤 처음으로
북한의 최고지도자가 군사분계선을
넘어와 한국 땅을 밟는 회담이다

판문점 선언

문재인 대통령과 김정은 국무위원장은
평화·번영·통일을 염원하는 온 겨레의
한결같은 지향점을 담아 한반도에서
역사적인 전환이 일어나고 있는 뜻 깊은 시기에
2018년 4월 27일 판문점 평화의 집에서
남북정상회담을 하고 한반도에서
더 이상 전쟁은 없을 것이며
새로운 평화의 시대가 열렸음을 8천만 겨레와
전 세계에 엄숙히 천명함으로써
한반도가 완전한 비핵화를 향한 중요한
첫발을 정부가 내세운
'평화 새로운 시작'의 구호와
김 위원장이 방명록에 쓴
'새로운 역사는 이제부터'라는 말과 같이
한반도 정세는 새로운 변곡점을 맞게 됐다
① 남북공동연락사무소 개성 설치
② 8·15 이산가족 상봉
③ 종전 선언과 정전협정을 평화 협정으로
④ 비핵화를 통한 핵 없는 한반도 실현
⑤ 문 대통령 올가을 평양 방문
⑥ NLL일대 평화수역화 등이다

노벨! 노벨!

문재인 대통령은 4월 28일
트럼프 대통령과 75분간 전화 통화에서
“김정은 위원장은 트럼프 대통령과 만나면 잘 통할 것 같다는 기대감을 나타냈다”고 알렸고
트럼프 대통령은 28일
미시간주 마콤카운티의 유세장에서
“북한과의 회동이 오는 3~4주 내에 열릴 것으로 생각한다”
“아주 극적인 일이 일어날 수도 있다”고 밝히자
갑자기 청중이
“노벨! 노벨!”을 외치기 시작했다
‘노벨평화상’을 뜻하는 노벨이다

평양냉면

남북 정상회담 만찬식탁에 오른
여러 가지 음식으로
목포에서 잡아온 민어회
봉하마을의 우렁쌀
거제도에서 가지고 온 달고기가
평양냉면에 밀려났다
통일이 되면 금수산태양궁전과
2만여 개 김일성·김정일 동상이
어떤 역할을 할까 그것이 염려스럽다

자유한국당의 속앓이

홍준표 자유한국당 대표는 5월1일

부산시당 필승 결의대회 후

“문재인 대통령이 북한 인권문제 등을거론하지 못한 것은 포악한 독재자 어린애를 달래서 어떻게 해보기 위한 것”이라고 주장했다

그는 판문점선언에 대해

“김대중·노무현 대통령 시절 남북합의문에 북핵 폐기절차까지 나와 있다”

“이번 합의문은 북핵 폐기가 아니라 ‘완전한 한반도 비핵화’라고 돼 있어

더 후퇴한 건데 환호하는 언론이나 여론이 내가 보기엔 딱하다”고 말했다

홍 대표는 전날에도

“이번 남북정상회담 결과는 우리 안보의 자발적 무장해제” “남북 평화쇼” “말의 성찬에 불과” “세 번 속으면 공범” 등의 비판을 쏟아냈다

그러나 지방선거 출마자들은 홍 대표의

강경노선이 중도층 이탈을 유발할까

속앓이를 하고 있다

정치테러

2018년 5월 5일 오후 2시경
지방선거를 30여일 앞두고 국회 안에서
‘드루킹 특검’을 요구하며 단식 농성 중이던
자유한국당 김성태 원내대표가
30대 남성에게 폭행당하는 사건이 발생
한국당은 즉각 “야당에 대한 정치테러”라며
초강경 대응에 나섰다
이 남성은 경찰에서
“홍준표 대표도 테러하려고 했다”고 진술했다

새벽 3시 트럼프 쇼

5월 10일 새벽 2시
북한에 억류됐던 미국인 3명을 태운
비행기가 도착하자 트럼프 대통령 내외는
한국계 미국인 김동철·김학송·김상덕을
맞이하기 위해 비행기 안으로 들어갔다
트럼프는 이들의 손을 붙잡고 비행기 밖으로 나왔다
그들은 감격에 벅찬듯 두 팔을 한껏 들어 올리고 손가락으로
V자를 그려 보였다
옆에 있던 트럼프는 계속 박수를 쳤다
그리고 "세 명의 위대한 이들을 위한 특별한 밤이다
이런 일이 일어나리라고는 생각하지 못했다
이는 우리 모두에게 아주 종요한 일"이라고 강조했다
"나의 가장 자랑스러운 업적은 우리가 전 한반도를 비핵화할 때가 될 것"
"진정한 영광은 우리가 핵무기를 제거해 성공을 거두는 것"이라며
미·북정상회담에서 북한의 비핵화를 자신의 손으로 이루겠다는 강한 의지를 내비쳤다

북한의 태도 변화

남북관계 정상화와 북미 관계 개선을 향해
가던 북한이 5월 16일 갑자기 제동을 걸었다
새벽에 일방적으로 남북고위급회담을 취소
정오엔 북미정상회담 취소 가능성까지
아무런 사전 조짐 없이 한국과 미국을 향해
동시에 불만을 터뜨린 것이다
백태현 통일부 대변인은 이날 "북측이 남북 고위급회담을 일방적으로 연기한 것은 4월 27일 양 정상이 합의한 판문점선언의 근본정신과 취지에 부합하지 않는 것으로
유감"이라는 성명을 발표했을 뿐이다

구본무 LG그룹회장 별세

구본무(73) LG그룹회장이 5월 20일
숙환으로 별세했다 구 회장은 연명치료를 하지
않겠다는 평소 뜻에 따라 가족들이 지켜보는
가운데 평화롭게 영면에 들었다고 밝혔다
고인은 지난해 4월 뇌종양이 발견돼
몇 차례 수술을 받았지만 최근에 건강이 악화돼
서울대 병원에 입원했다
구 회장은 LG그룹의 글로벌 성장을 이끌었다
회장에 취임하기 전인 1994년말 30조원대
그룹매출은 2017년 160조원대로 성장했고
해외매출은 10조원에서 110조원으로 10배 이상 늘었다
구 회장이 연명의료결정법에 따라 존엄사를 선택해
'노블레스 오블리주'
즉 사회 지도층의 도덕적 의무를 실천했다
지난 2월 시행된 연명의료결정법에는
심폐소생술·인공호흡기·혈액투척·항암제투여
네 가지 행위를 중단 가능한 연명의료로 규정하고 있다

놀라고 분노한 트럼프

뉴욕타임스는 5월 20일

"'우리의 핵무기 능력과 경제원조를 결코 바꾸지 않겠다'고 한 북한의 담화에 놀라고 분노한 트럼프 대통령이 위험을 떠안고 회담을 진행시켜야 하는지 묻고 있다"고 전하는 등 어수선 가운데

문재인 대통령은 트럼프 대통령과 22일

워싱턴에서 네 번째 정상회담을 위해

김정숙 여사와 21일 성남 서울공항에서

미국으로 가는 전용기에 올랐다

6월 12일 북·미정상회담을 앞두고

한·미를 상대로 판을 깰 수 있다는 위협을

해온 북한이 21일엔 노동신문을 통해

"남에게 의존해 덕을 보겠다는 것은 자멸의 길"이라고 밝혔고 트럼프는 문 대통령에게

"왜 김정은과 만난 뒤 내게 전달해 준 개인적 장담이 북한의 공식담화 내용과

상충되는 것이냐"고 19일 밤 전화를 걸었다

한·미정상회담

문재인 대통령과 도널드 트럼프 대통령이
5월 22일 백악관에서 정상회담을 갖고
6월 12일 예정된 북·미 정상회담에 대해 논의하고
문 대통령은
"한반도의 운명과 미래가 걸려있는 만큼 끝까지 최선을 다해 북·미정상회담 성공을 돕고 트럼프 대통령과 함께 하겠다"는 입장을 밝혔다
두 정상은 이날 완전하고 검증 가능하며
불가역적인 한반도 비핵화라는 양국의 공동
목표를 재확인했다
트럼프 대통령은 문 대통령에게
"원하는 여건이 충족되지 않으면 북·미회담을 하지 않을 것이라고 말했다"

트럼프의 외교결례

문재인 대통령과 트럼프 대통령
두 정상이 흉금을 털어놓고 이야기하기 위해
준비된 단독회담은 미뤄졌고 진행시간도
애초 30분에서 21분으로 단축돼 누가 봐도
외교적 결례라는 보도가 나왔다
특히 트럼프 대통령은 문 대통령을 옆에 두고
FBI의 대선개입 조사 문제에 대해 장황한
답변을 늘어놓다가 문재인 대통령의 중재자
역할에 대한 질문이 나오자
"굉장히 신뢰하고 있다"고 치켜세우는 듯하더니
 갑자기

"그가 들을 수 있도록 통역을 하겠느냐 왜냐 하면 그는 우리가 영어로 하는 이야기를 듣지 않고 있기 때문"이라고 했다

영어를 못하기 때문이라는 뉘앙스였다
그러고는 2차 북·중정상회담 뒤 북한이 태도를
바꿨다며 중국을 비판하다가 갑자기

"문 대통령은 어떻게 느끼나 이에 대한 의견을 듣고 싶다"고 말했다

그러더니

"문 대통령을 곤란하게 하고 싶지는 않다 중국의 바로 옆 국가 아닌가"라고 했다

김정은과 회담취소

2018년 5월 24일
지난 10년간 여섯 차례 핵실험을 하는 동안
전 세계의 우려스러운 시선을 집중시켰던
함경북도 길주군 풍계리 만탑산 깊은 계곡지하갱도는 무너져 내렸고
핵실험장은 흙더미 속에 묻혀버렸다
4개의 지하 갱도 중 이미 핵실험에 사용하고
오염으로 폐쇄된 1,2번갱도 외에 아직 사용이
가능한 3,4번 갱도까지 무너졌다
한국·미국·영국·중국·러시아에서 온 기자들이
현장에서 이 장면을 생생하게 지켜봤다
그런데 이 소식이 전해진 지 몇 시간 만에
미국에서 도널드 트럼프 대통령이
"미·북정상회담을 지금 개최하는 건 부적절하다"
며 회담 취소를 전격 선언했다
문재인 대통령이 워싱턴 한·미정상회담을
마치고 귀국한 날이기도 하다
트럼프 대통령은 김정은에게 보내는 서한에서
"슬프게도 당신의 가장 최근 성명에서 나타난 엄청난 분노와 공개적인 적대감을 토대로 나는 이번에 오래 계획된 회담을 갖는 것이 적절치 않다고 생각한다"고 했다

상처 입은 한국정부

청와대는 5월 24일 도널드 트럼프 대통령이
북·미정상회담을 일방적으로 취소한다고 밝히자
망연자실한 기색을 감추지 못했다
문재인 대통령이 트럼프 대통령에게
북·미정상회담을 차질 없이 추진하자는 다짐을
받기 위해 1박 4일간 미국방문을 마치고 돌아온 직후
이러한 소식을 접했기 때문이다

꼬리 내린 북한

트럼프의 강수에 북한은 꼬리를 내렸다
김계관 북한 외무성 제1부상은 5월 25일
"우리는 아무 때나 어떤 방식으로든 마주
앉아 문제를 풀어 나갈 용의가 있다"고
트럼프 대통령이 싱가포르 북·미정상회담
취소를 전격 선언한지 9시간이 안 돼서다
그는 자신의 담화가 김정은 위원장의
위임이라는 점을 밝히고
"돌연 일방적으로 회담 취소를 발표한 것은 우리로서는 뜻밖의 일이며 매우 유감스러운 일"이라고 했다
특히 완전한 비핵화(CVID)와 체제 안전보장
및 경제 지원을 맞바꾸자는 '트럼프 모델'에
대해 "현명한 방안이 되기 은근히 기대했다"는 표현까지 썼다
'북한답지 않은 표현'이라는 평가다
트럼프 대통령 또한 5월 25일 트위터에서
김계관 부상의 담화에 대해 언급
"따뜻하고 생산적인 담화를 받은 건 매우 좋은 뉴스"
"6월 12일 회담이 열릴 수도 있다"고 했다
어느 장단에 춤을?

외교참사

청와대 문재인 대통령이 당혹해했다
도널드 트럼프 대통령이 북·미정상회담 취소를
선언한지 하루 만인 25일
"북한과 대화 진행 중"
"6월 12일 회담이 열릴 수도 있다"고 말을 바꾸는 등 '냉온탕 행보'를 보이면서
문 대통령의 '중재외교'가 위기를 맞고 있다
자유한국당은 이번 사태를 '외교참사'로 규정
외교안보라인 교체와 대북정책 전환을 주장했다
홍준표 대표는
경기도 현장선대위 회의에서
"결국은 지난 6개월 동안 김정은의 한바탕 사기쇼에 대한민국 대통령과 미국 대통령이 놀아났다"
"중요한 것은 장밋빛환상을 심어준 이 정권의 책임론"이라고 말했다

제2차 남북정상회담

제2차 남북정상회담이 2018년 5월 26일
판문점 북측 지역인 통일각에서 전격 열렸다
이번 회담은 한편의 비밀작전으로 회담 추진부터
실무준비 회담장 이동까지 모두 극비로 했다
김정은이 회담을 전격 제안한 것은 25일 오후
문 대통령은 북 제의를 받고 반나절 만에
일사천리로 판문점으로 달려간 것이다
만남도 회담결과 하루 뒤 발표도 김 위원장
요청에 의해 파격적으로 이루어졌다

개가 짖어도 기차는 간다

방탄소년단(BTS)이 빌보드 정상에 올랐다
미국 음악전문업체 빌보드는 5월 27일
“방탄소년단이 한국 가수 최초로 '빌보드
200'에서 1위를 차지했다”고 밝혔다
18일 발매된 정규3집 앨범 ‘러브유어셀프
전 티어’가 1주일간 13만5천점을 획득하면서
아시아 최초 기록을 달성한 것이다

5월31일 6·13지방선거 운동이 시작됐다
자유한국당 홍준표 대표 리더십을 놓고 날선
공방을 벌였다 정우택(4선) 의원이 페이스북에
“이대로 가면 6·13지방선거는 보수 궤멸이 현실로 나타나 대한민국을 지키고 발전시켜온 보수 이념은 정치적 존립 자체가 어려운 미증유의 사태에 빠질 것”
“당 지도부가 진정으로 애국·애당심을 갖고 있다면 ‘백의종군’의 자세로 헌신할 것을 간곡히 촉구한다”고 했다
사실상 홍 대표의 2선 후퇴다
그러나 홍준표 대표는 즉각 “개가 짖어도 기차는 간다”고 일축했다

김정은의 눈물

한 남자가 해변에서 저 멀리 수평선을 바라보고 있다 뺨을 타고 눈물이 흐른다

그 위에 이런 내용의 내레이션이 흐른다

"강성국가를 실현하기 위해 노력해 왔으나 개혁이 순조롭게 되지 않는 답답함에 눈물을 흘리고 계신다"

영상에 등장한 남성은 김정은 국무위원장

북한당국이 최근 김정은 위원장이

눈물을 흘리는 모습이 담긴 영상을 제작해

말단 간부 교육에서 상영했다고 보도했다

세월호 죽음의 굿판

자유한국당 김문수 서울시장 후보(67)는
지방선거 운동 첫날인 5월 31일
"세월호처럼 죽음의 굿판을 벌이고 있는 자들은 물러가라"고 주장했다
김문수 후보는 이날 서울역 앞에서 열린
'필승 출정식'에서
"지금 누가 젊은이들에게 헬조선을 말하느냐 누가 젊은이들에게 절망을 가르치느냐"
"세월호처럼 죽음의 관광을 집어치워야 한다"
"이 세상에 불평·불만을 가리치고 선동하고 젊은이들에게 못사는 나라라고 자살을 부추기고 죽은 자들을 아름답다 하고 산자들을 욕되다고 하는 더러운 역사를 우리는 끝내야 한다"고 주장했다

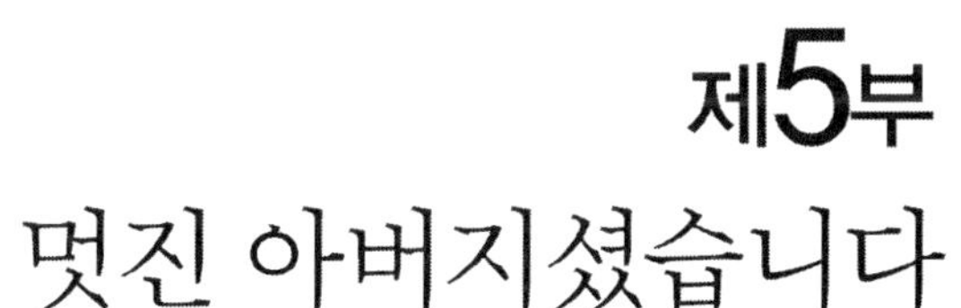

제5부
멋진 아버지셨습니다

샌프란시스코 행 비행기

2018년 6월 11일
인천공항에서 샌프란시스코 가는 비행기에 올랐다
6월 12일엔 북미정상회담이 싱가포르에서
6월 13일에는 지방선거가 예정돼 있다
미국에 가려면 태평양 상공에서 10여 시간
머물러야한다 지루하고 피곤하지만
모든 잡념을 잠시 잊을 수 있어 좋은 것 같다
낯선 곳에서 산책하며 명상하는 것도 그렇고

북미 정상회담

2018년 6월 12일
세기의 빅회담이라 떠들썩하던
북미회담이 싱가포르에서 열렸다
아무리 뜯어봐도 짜임새가 없어 보인다
트럼프와 김정은의 만남?
그리고 회담 성과?
그런 분위기에서 무슨 성과를 도출할까
회의적인 생각이 앞선다

새누리당의 업보

6월 13일은 지방자치단체 선거일이다
새누리당이
자유한국당·바른미래당으로 두 조각나고
치르는 평가전 성격이다
결과는 17개 광역단체장 중
대구·경북 2곳을 건진 자유한국당
기초단체장도 전멸하다시피 괴멸되었다
바른미래당은 전멸했다
배때기 불러 밥투정하다가 회초리 맞은 이들
몽둥이로 더 맞아도 좋을 것 같다

김대중 국정의 매력은 통합

김대중 대통령 취임 첫해인
1998년 7월 펼쳐진 풍경은 너그러웠다
전직 대통령 부부들과의 청와대 만찬에
최규하·전두환·노태우·김영삼 전 대통령이
참석한 건 헌정사상 처음 있는 일이었다
김성재 전 문화관광부 장관은
"DJ는 피해자가 가해자를 용서해야 진정한 화해가 가능하다는 신념을 실천한 것"이라고 했고
김대중 대통령은 과거를 잊지 말되 과거에
얽매이지 말고 미래로 나아가자고 했다
중국의 등샤오핑(鄧小平)도 그렇게 해서
미국과 겨루게 된 것 아닌가

JP의 별세

JP(김종필)가
2018년 6월 23일 92세를 일기로 별세했다
JP는 1961년 35세의 나이로 군부의 혁신을 외쳐 온 소장장교 그룹의 리더였고
6개항의 5·16혁명공약을 혼자서 작성한
혁명의 설계사였다
"혁명은 숫자가 아니라 의지"라고 한 그는
박정희와 김종필이 이끈 5천년 찌든 가난을 물리친
'한강의 기적' '조국 근대화' '민족중흥'의 성공은
한국의 정치·경제·사회 문화의 판을 완전히 바꿔놓았다
JP는 자신이 주도한 한국 산업화의 역사를
"민주주의는 피를 먹기 전에 빵을 먹고 자란다"는 말로 요약했다
"자유와 민주주의를 누리려면 경제력이 뒷받침 돼야 한다 그게 맹자의 항산(恒産) 항심(恒心)"이라고 피력했다
"먹고 사는 게 편해야 인정과 예의를 안다"는
것으로 식민지 해방 20년 만에 한일국교
정상화를 타결짓는 과정에서 JP는 가장 어려운
배상금 문제를 맡았다
JP는 박정희 전 대통령과 3김 시대를 거쳐
이명박·박근혜 전 대통령과 문재인 대통령에도

나라의 원로로서 경륜과 지혜를 발휘했다

JP는 보수의 위기를 예단했다

2018년 초 그는

“역사의식이 보수 정치인한테는 부족해 그러니 현대사 논쟁에도 밀리지”라면서

그의 시대에 자주국방을 회고했다

“1970년대 한미갈등이 심했지 미군철수 한국의 핵개발 논쟁이 있었어. 박정희 대통령은 미국에 나갈 테면 나가라는 배수진 속에 위기를 기회로 삼았고 중화학공업을 성공시켰어.”

지금 한반도 질서가 급변하고 있다

판문점회담 북미정상회담으로 격랑을 일으켰다

보수진영은 그 흐름을 타지 못했다고

JP는 국가발전에서 어느 것이 우선인가

① 산업화냐 ② 민주화냐

“선(先)산업화 성취의 토대 위에 민주화가 이룩되고 오늘의 한국이 만들어졌어”라고 했다

그는 5·16을 “쿠데타면 어떻고 혁명이면 어떠냐 말이야 5·16은 세상의 근본과 본질을 바꿔놓았어 그게 혁명이야!” 라고 일축했다

백문불여일견

지금 서울은 100년 만에 온
불볕더위와 싸우고 있는데 실리콘벨리의
날씨와는 대조적이라 정원 나무그늘에는
산들바람이 분다
시원한 바람결에 역사 한토막이 스쳐간다
1392년 태조 이성계가 조선을 건국하고
세자를 책봉할 때 당연히 혁명을 같이한
이방원이 적임자라 생각했고
개국공신들 역시 그렇게 믿고 있었다
문제는 현비 강씨였다
이불 밑 송사로 자기의 소생 방석(10세)을
세자로 책봉하면서 이방원이 무섭고
민심이 두려워 상감께 천도를 주청했다
서둘러 계룡산에 궁궐을 짓기 시작했다
조정 원로대신들의 반대에도 밀어 붙이던
태조는 어느 날 꿈속에서 산신령이
"이곳은 정도령의 땅이다 썩 물러가라!"
겁이 난 태조는 공사를 멈추고 한양으로 오게 되었는데
정감록(鄭鑑錄)에 나오는 정도령이다
한양천도 후 2년 만에 강 씨가 죽고
왕자의 난이 일어나 강비의 소생은 피살되고
정감록은 500년 내내 이씨왕조를 괴롭혔다
그보다는

2017년 5월 문재인 정부 출범 후
'백번 듣는 것이 한번 보는 것만 못하다'는
백문불여일견(百聞不如一見)이 누군가에 의해
뜬금없이 백문불여일견(百文不如一犬)으로 바뀌었다
백문(文)이 한 마리 개(犬)만 못하다는 뜻이다
금년이 개띠해이긴 하지만
시원한 그늘에서 답답한 생각에 잠겨 궁상을 떨고 있는
나 자신이 너무나 초라해 보인다

마이크로 소프트

아들의 직장 MicroSoft사 구내식당에서
식사를 하고 찻집에도 들렀다
식당은 고급 뷔페식당처럼 넓고 시원했다
하루 세끼 식사도 무료
가족도 제한 없이 이용할 수 있다고 한다
각종 위락시설과 휴식 공간
그리고 잘 정돈된 긴 회랑 같은 곳을
걸으면서 휴양지에 온 것은 아닌가 착각할 정도로
이게 꿈의 직장?
아니 창업자이자 기부왕 빌 게이츠
세계적인 부자회사의 명성이 어우러져
연상작용을 일으키면서
그렇듯 화려하게 보였는지도 모른다

평양에 간 문대통령

문재인 대통령은 2018년 9월 18일
평양에 도착 즉시 성대한 환영을 받았다
김정은 위원장이 리설주 여사와 함께
문대통령 내외를 직접 환영했다
의장대 사열과 함께 남북정상회담에서는
최초로 예포가 발사되는 등 최고의 예우가 갖춰졌다
문재인 대통령이 공식 환영행사에 이어
무개차 퍼레이드를 하고 10만 평양시민의
연도환영을 받았다

특별수행원으로 18일 평을 방문한
이재용 삼성전자 부회장 등 경제계 인사들은
외자유치 등의 실세인 리용남 내각부총리와
만나 남북경제협력을 논의했다
삼성·현대자동차·SK·LG 등 4대 그룹은 물론
철도·광물·수산업·식품·관광·물류 등
거의 전 분야의 인사들이 수행원으로 합류했다

9월 평양공동선언

문재인 대통령과 김정은 위원장은
2018년 9월 18~20일까지 평양에서
남북정상회담을 하고
판문점 선언 이후
남북 당국 간 긴밀한 대화와 소통
다방면적 민간교류 협력과 군사적
긴장완화를 위한 획기적인 조치 등
성과를 담은 공동선언문을 발표했다

백두산에 오른 두 정상

문재인 대통령과 김정은 위원장이
9월 20일 백두산 정상에서 두 손을 잡았다
백두산 천지를 배경으로 나란히 잡은 손을
올리자 김정숙·리설주 여사가 두 사람을
바라보며 함박웃음을 지었다
문 대통령과 김 위원장은 이날
백두산에 올라 장군봉과 천지를 둘러본 뒤
삼지연 초대소에서의 오찬을 마지막으로
2박 3일간의 정상회담 일정을 마무리했다

실패한 문 대통령 유럽순방

문재인 대통령이 유럽순방을 다니며
대북제재 해제를 요청하고 다녔지만 성과를 내지 못했다
프랑스의 전문가들은 한결같이
'트로비트-너무 성급하다'를 외치고 있다
오히려 문 대통령 순방 이후 프랑스는
유엔 안보리의 북한선박 제재 확대를 환영하는
논평을 냈고 유엔에서 핵문제를 놓고 북한과 설전을 벌였다
북한 인권문제도 유엔과 미국 유럽에서
본격적으로 제기되기 시작했다
과거 북핵 관련합의 때마다 경험한
북한에 대한 실망의 역사가 있기 때문이란 분석이다

이영자 현상

미국 경제가 트럼프 덕분에 호황이다
일자리가 급속하게 늘고 10년간 꿈쩍 않던
임금이 오르고 있다
왜 문재인 대통령은 안 되나?
문 대통령은 날마다 소득주도성장·혁신성장
규제완화를 외치고 일자리 정부를 표방하고
있지만 문재인 정부의 고용악화 기록을 경신하고 있다
집권 초반 여권의 핵심 지지층 역할을 했던
20대 지지율이 내림새로 돌아선 것이다

박지원 의원은 이를 '이영자' 현상이라고
규정하고 있다 20대·영남·자영업자의
지지율 하락을 뜻한다
자유한국당은 정부의 악수만 기다리고 있다
더 매서운 회초리를 맞아야 할 한국당이
'경제가 나빠지면 다음 총선에서 이길 수 있다'라는
기대 때문에 흙탕싸움을 하면서도
안 깨지고 버틴다는 분석이다

냉면이 목구멍에 넘어가느냐

정진석 자유한국당 의원이 국감장에서

조명균 통일부 장관에게 질문했다

“옥류관에서 대기업 총수들이 냉면을 먹는 자리에 이선권 북한 조평통위원장이 불쑥 찾아와 ‘아니 냉면이 목구멍에 넘어갑니까’라고 했다는데 보고 받았느냐?”

조 장관은 “비슷한 얘기를 들었다 이선권은 불쑥 온 게 아니고 그 자리에 앉아있었다”고 답변했다

“왜 그런 핀잔을 줬다고 보느냐”

“남북간에 속도를 냈으면 하는 측면에서…”

대기업 총수들은 북한의 비핵화와 남북 경협을

지원하기 위해 특별수행단으로 참석했다

북한이 이들 수행단에 박살을 한 것이나

단순한 문화의 차이는 아닌 것 같고 아직 갈 길이 멀어 보인다

을지문덕의 거짓말

고구려에 불교가 전래된 것은
서기372년 소수림왕(小獸林王) 2년 5호16국시대에
강성했던 전진의 왕 부견은
고구려가 거짓말을 잘하고 성정이 거칠어
다루기가 어렵다고 생각 문벌책(文伐策)의
일환으로 불교를 통해 순화시켜보려고
순도(順道)라는 중을 고구려에 보내면서 시작되었다

391년 소수림왕의 손자 광개토대왕이
17세로 제19대왕이 되었는데
고구려를 건국한 동명왕 이래 처음으로
영걸이 등장한 것이다
광개토대왕은 중원의 여러 나라를 제압하고
남으로 신라와 화친하였지만
광개토대왕이 39세로 승하하고 그의 아들 장수왕이 즉위하고 상황은 달라졌다
선왕의 뜻을 받들어 도읍을 평양으로 옮긴
그는 형제국인 백제와 신라에 영토분쟁을 일으켜
백제를 치려고 은밀히 간첩을 물색하고 있었다
이때 중 도림(道琳)이 자청하고 나왔다
그날 이후 도림은 거짓죄를 짓고 백제로 가
어느 날 개로왕과 바둑을 두고 나서
"신은 다른 나라 사람이온데 임금님께서 신을 이렇듯

보살펴주시니 그 은혜에 보답코자 진언하고자 하옵니다"
"국가에 이로운 일이면 오히려 과인이 바라는 바가 아니겠소?"
도림의 말대로 개로왕은 곧 성곽을 수리하고
궁궐을 짓기 시작했다 나라의 창고는 비었고
백성은 곤궁에 빠지게 되었다
도림은 고구려로 도망쳤다
장수왕은 군사 3만을 이끌고 쳐들어갔으니
그때가 475년 9월 서로마가 게르만족에게 멸망하던 때였다
개로왕은 아차산성(서울 광진구) 밖에서
처형당해 부왕의 시체를 부둥켜안고 슬픔 속에
즉위한 문주왕은 그해 웅진(熊津)으로 천도했다

서기 612년 수나라 양제(煬帝)는 고구려를
치려 30만대군을 이끌고 압록강에 이르렀다
고구려 제26대 영양왕은
을지문덕에게 거짓으로 항복케 하였으니
을지문덕의 꾀임에 빠진 것을 안 적군은
급히 후퇴하다가 살수(薩水-淸川江)에서 섬멸당했다
살아서 돌아간 병사가 수천 명에 불과한
612년 살수대첩이다
그러나 적은 내부에 있었다
재상 연개소문은 642년 제27대 영류왕을 죽이고
왕의 조카를 제28대 보장왕으로 추대하고 막리지가 됐지만

666년 연개소문이 죽으면서
고구려의 형세는 급변했다
그의 아들 남생·남건·남산 3형제와 야심찬 아우
연정토 사이에 신성(信誠)이라는 중이 끼어들어
거짓과 이간질로 나라는 안개 속으로 들어가
결국 고구려는 668년 나당연합군에 의해
28왕 705년 만에 멸망했다

김정은의 1년 행보

2018년 1월 신년사를 시작으로
김정은 위원장의 1년 행보는 대담과 파격의 연속이었다
4월 남북정상회담을 위해 판문점의 분계선을 넘었고
6월 싱가포르 북미정상회담
5월 비밀작전을 방불케 하는 휴전선 북쪽에서 열린 남북정상회담
6월 싱가포르 북미정상회담
9월 남북정상회담 때는 평양 능라도 경기장에서
문재인 대통령에게 마이크를 넘겨
15만 평양시민을 향해 연설케 했고
두 정상이 백두산 등정도 함께 하였다
그러나 북미관계는 교착상태에 빠져
핵을 포기해 경제를 살리려던 계획은 달성하지
못했으며 미국과 국제사회가 그의 비핵화
의지를 여전히 의심하는 것도 현실이다
답답한 일이겠지만 그 불신은 '선대의 거짓말'이 자초한 측면을 간과할 수 없다
한국과 국제사회의 많은 사람들은
한반도의 대전환이 일장춘몽으로 끝날 수도 있다고 우려하기 시작했다

급락한 문 대통령 지지율

문재인 대통령의 지지도가 취임 이후 최저인
47%로 떨어졌다
일자리정부를 내세우고 출발했지만 고용지표는
날로 악화되고 있고 양극화는 해소되기보다
오히려 악화되고 있다
급격한 최저임금 인상으로 경제가 위기로 치닫고
기업들이 공포감마저 느끼고 있는데 청와대
참모진은 비현실적인 소득주도성장 정책을 고집
지지율 폭락의 주범이 되고 있다
여론을 의식한 문재인 대통령이
경제사령탑(김동연·장하성)을 전격 교체하고도
소득주도 성장을 더 강화하는 쪽으로
인사를 한 탓에 시장의 반응은 싸늘하다
안보망에 불안을 안긴 대북정책도 빼놓을 수 없다
4·27판문점 선언 이래 7개월이 지났지만
북한은 여전히 핵·미사일 개발을 계속하고 있고
비핵화 진도는 더딘데 문 대통령은 외국에 나갈 때마다
'대북제재 완화'를 외쳐 국제사회의 빈축을 사고 있다
의전비서관이 음주 운전으로 쫓겨났고 박원순
서울시장과 이재명 경기지사의 청와대와의 충돌은
권력누수 현상이 시작되는 방증이 되고 있다

멋진 아버지셨습니다

조지 H.W. 부시 미국 전 대통령이
2018년 11월 30일 텍사스 자택에서 별세했다
이날 장남 조지 W 부시 전 대통령과 통화에서
“아주 멋진 아버지셨습니다 사랑해요”
“나도 사랑한다” 답하고 눈을 감았다
향년 94세 제41대 미 대통령으로 취임한 1989년은
국제정세가 극적으로 바뀐 한 해로
베를린 장벽이 붕괴되고
소련이 무너지면서
그 어느 때보다 강력한 리더십이 절실했다
그는 소련의 붕괴에도 불구하고 냉전 시대에 시작했던 전략무기감축협정을 이끌어
1992년 소련에서 분리된 러시아·우크라이나
카자흐스탄·벨라루스 등 4개 핵보유국을
협정이행의정서에 서명하게 하는 지도력을 발휘
1991년 주한미군 전술핵 철수를 결단해
12월에 ‘한반도 비핵화에 관한 공동선언’을 채택했다
1990~91년 걸프전에서
이라크 사담 후세인 정권이 무단으로 점령한 쿠웨이트를 해방하기 위해
국제연합군을 조직 군사적으로 흠잡을 데 없는 압승을 거두면서
그의 지지율은 80%를 넘나들었다

그러나 그 뒤 불거진 경기침체가
발목을 잡아 결국 대선에서
'바보야 문제는 경제야!'라는 선거 구호를 앞세운
민주당의 빌 클린턴 후보에게 패했다
1924년 6월에 매사추세스주 밀턴에서 태어난
그는 제2차 세계대전에 참전한 마지막 미국 대통령이다
1941년 12월 일본의 진주만 공습으로
태평양전쟁이 발발할 당시
필립스 아카데미 학생이던 그는
1942년 봄 고교 졸업 후 해군에 입대
해군조종사로 1944년 9월 2일 작전 도중
남쪽 해상에서 대공포를 맞고 격추되어
낙하산으로 탈출해 해상에서 4시간 표류하다가
인근에서 미 해군 잠수함에 극적으로 구출됐다
당시 입은 부상으로 훈장을 받았고
1945년 일본이 항복한 한 달 뒤 예일대학에 입학해 경제학을
전공했다 그의 장남 조지 W 부시는
제43대 대통령에 당선되었다

우면산 겨울비

2018년 12월 초 우면산에 겨울비가 내려
낙엽·돌담불·벤치·운동기구를 촉촉이 적신다
가을부터 시작한 야생동물 겨울나기
돌집(3개)에도 빗물이 흐른다
동굴에 들짐승들이 들어와 살 수 있을까
돌을 쌓으면서 염려했는데
빗물까지 새면 어쩌나
사람들의 발길이 닿을세라 가려놓은
삭정이가지에도 물방울이 송골송골
겨울비가 흘러내린다

현종임금도 울었다

광해군을 몰아낸 제16대왕 인조는
망해가는 명(明나)라와 새로 일어나는
금(金-淸)나라 사이에서 현명한 양면외교를 편
광해군의 외교정책을 배격하고
향명배금(向明排金)을 고집하다가
1636년 병자호란을 자초하고 말았으니
남한산성에서 한 달을 버티다가 청태종에게
항복하고 소현세자·봉림 대군을 볼모로 보내야했다
1644년 명나라가 망하고 8년 만에 볼모에서 플려난
소현세자는 부왕의 미움을 사 죽임을 당하고
봉림대군이 효종으로 등극 10년 만에 타계하였다
심양에서 태어난 아들이 제18대 현종(顯宗)이다

효종은 볼모생활에서 얻은 매창(매독)으로 사망하고
장대비는 침을 놓은 침의(鍼醫)탓으로 돌려
그를 죽이라고 했다
그러나 현종은 침의를 귀양보는 데 그쳤다
효종 생전에는 그렇듯 어질고 존경받던 장대비가
갑자기 포악해져 아들이 하는 일에 악담을 시작했다
"네가 불효를 하는데 나라가 잘 될 줄 아느냐 두고 봐라 더 큰 재앙이 닥칠 것이다!"
자연재해는 끊이지 않았다
흉년에 먹을 게 없는 백성들은 초근목피로 목숨을

유지했고 민심은 흉흉해 나라가 어지러운 가운데
이번에는 듣도 보도 못한 메뚜기떼가 나타나
농작물을 뜯어먹고 나중에는 집으로 들어와 지쳐
쓰러진 사람을 뜯어먹는 풍경이 벌어져 지방방백들의
장계가 빗발치듯 올라왔다
백성들이 불쌍한 왕은 울 수밖에 없었다

오랜만에 내려진 내탕금으로 죽을 쑤어 나눠준
결과 다소의 기아를 면하게 된 현종임금은 어느 날
가벼운 마음으로 중궁전에 들려 "중전 나랏일에
매달려 하마터면 중전의 얼굴을 잊을 뻔 했구려"
"마마 너무 하옵니다 그렇듯 무심하다니요"
현종이 다가가자 중전은 흐느꼈다
"중전 어마마마께서 또 무슨 소리를 하시었소?"
그동안 어머니의 악담을 전해들은 현종은 난감했다
그래도 자신을 낳아 준 생모가 아닌가
"뜻하지 않게 아버님을 잃으셔서 성미가 거칠어 져 그러시는 게요 우리가 참아야지 어쩌겠소 어서 눈물을 거두시오"
그제서야 중전 김 씨는 임금의 품속에서 속삭였다
"마마 고백할 게 있사옵니다"
"중전 도대체 무슨 말이오!
왜 가슴 철렁하는 말씀만 하시는 게요?"
한참 뜸을 들인 중전 김씨는 수줍은 듯 말했다
"신첩이 잉태하고 있었습니다"
"아니 뭐라구요 잉태라구요?"

"7개월 째이옵니다 어마마마께서 하도 악담을 하시니 배가 불러도 꽁꽁 동여매고 말을 못했사옵니다"

중전의 이야기를 듣고 난 현종은 중전이 그토록

불쌍할 수가 없었다

이렇게 1661년 추석날 숙종(肅宗)이 탄생하였다

기다렸다는 듯이 장대비는 입에 거품을 물고 외쳤다

"별꼴이오! 추석날 아이 낳는 사람 보시었오!"

장대비는 죽어서도 복상문제(服喪問題)로

나라가 들썩거렸다

대한민국

1945년 36년간 식민지에서 벗어나면서
나라가 남북으로 분단된 것도 부족해
동족상잔의 6·25전쟁을 자초해
국토가 파괴되고 구호물자로 연명하던
1950년대 우리 국민소득은 80달러였다
북한보다 가난해 세계에서 꼴지로부터
네 번째 가난하던 나라가
1961년 5·16을 기점으로 '한강의 기적'을 이뤄낸
대한민국 국민이 2018년 말이면
국민소득 3만1천 달러에 이를 것이라는
한국은행의 추산이다
현재 미국·일본·독일·영국·프랑스·이탈리아
등 6국만이 30-50클럽에 가입돼 있다
30-50클럽은 국민소득 3만 달러에 인구
5천만 명의 나라로 우리가 7번째로 가입하게 된다
기존 6개국은 제2차세계대전 당시 이미
세계강국이었고 새로 독립한 국가 가운데
30-50클럽에 가입하는 나라는
대한민국이 유일하다

보은(報恩)과 배은망덕(背恩忘德)

한강의 기적!
세월이 흘러 한강이
강태공의 낚시터 위수처럼
실개천이 된다 해도
그 은공을 잊지 말자
보은하는 길이니까

은혜를 입고도
고마운 줄 모른다면
배은망덕이다
그게 그렇다

이 도서의 국립중앙도서관 출판예정도서목록(CIP)은 서지정보유통지원시스템 홈페이지(http://seoji.nl.go.kr)와 국가자료종합목록시스템(http://www.nl.go.kr/kolisnet)에서 이용하실 수 있습니다.

(CIP제어번호 : CIP2019006637)

김제방 시집

한강의 기적

초판인쇄일 2019년 3월 15일
초판발행일 2019년 3월 20일

지은이 : 김제방
펴낸곳 : 도서출판 문학공원
발행인 : 김순진
편집장 : 전하라
디자인 : 김초롱
등 록 : 2004년 3월 9일 제6-706호
주 소 : (03382)서울 은평구 통일로 633
녹번오피스텔 501호 스토리문학사
전 화 : 02-2234-1666
팩 스 : 02-2236-1666
홈페이지 : http://cafe.daum.net/yob51
이메일 : 4615562@hanmail.net